戦争宗教学序説

信仰と平和のジレンマ

石川明人

角川選書
674

はじめに

本書は、「宗教」と「戦争・軍事」との交錯点に注目しようとするものである。それは、私たち人間の可能性と、限界と、矛盾が、見事に凝縮された文化である。「戦争・軍事」も、宗教と同じく、古今東西にみられる人間ならではの営みであり、そこには人間のいかんともしがたい本性が隠されている。本書では、これら両者が重なる部分を見つめていきたい。

私は子供の頃から、この「宗教」と「戦争・軍事」という二つに関心があった。たまたまキリスト教の家庭に生まれ育ったため、周囲の友達とは宗教に対する理解や感覚が違っていたことが、宗教学に興味を持つきっかけになった。また、それと同時に、物心がついた時から戦争映画が好きで、戦闘機の模型や銃の玩具に夢中になったりもしていた。祖父も曽祖父も陸軍将校だったため、日本軍の戦争にも関心があった。

私のなかで、その二つの関心はそれぞれ全く別のものだったが、ある時から、この「宗教」と「戦争・軍事」は究極的には同根の「人間的な営み」なのではないかと考えるようになった。

後で詳しく論じるが、軍事は宗教的に営まれることがあり、宗教も軍事的なイメージで実践されることがある。宗教は「平和」を祈り求めるものだが、戦争・軍事も最終的には「平和」を目指している。少なくとも関係者はそのように自覚している。両者は一見正反対のようでありながら、実は意外と似ているのだ。

宗教学という学問には、「宗教」を通して人間そのものの不思議さと向き合おうとする意図があるとするならば、戦争研究もまた、「戦争・軍事」を通して人間の不思議さを問う人文学的研究の一環でもありうる。人間ならではの営みである「宗教」と、同じく人間ならではの営みである「戦争・軍事」について同時に考えるということは、人間に普遍的な栄誉と恥辱を見つめることになるかもしれない。

戦争を否定し、平和を叫ぶことは、簡単だし気分がいい。だが、それだけでは、平和は実現も維持も難しいことを私たちは知っている。私は、宗教を一概に否定しないように、戦争や軍事も一概には否定せず、ただそれぞれの具体的な場面における人間の人間的な振る舞いを見ていきたい。そして、平和についても、それを単純に称揚するのではなく、それが叫ばれる際のわずかな違和感とも向き合ってみたい。

本書は、いわゆる宗教戦争の歴史をまんべんなく網羅するものではない。また、一定の方法論から宗教と戦争の関係を体系的に分析するものでもない。ここで目指しているのは、宗教的な軍事や軍事的な宗教を観察しながら、私たち人間の、理想と本音、限界と矛盾、正気と狂気、愛とエゴイズムなど、良くも悪くも人間的としか言いようのない部分を直視して、それが私たちの現実なのだと受け入れることである。こうした意味で、本書は戦争の宗教学そのものではなく、あくまでもその「序説」である。

次章以下ではさまざまな事例や問題に触れていくが、各話題はじっくり考察すれば、それぞれについて一冊の本にせねばならないくらいのものであることは承知している。だが、ここでは各話題についての掘り下げはある程度にとどめ、なるべく多くの先行研究を紹介しながら関連する事柄を幅広く見ていきたいと考えている。

まず、第一章では、戦争や軍事のなかに見られるさまざまな宗教的なものについて、武器やお守りなど、具体的な物を中心に概観していく。第二章では、軍隊のなかで活動する宗教家など、人を中心に戦争・軍事のなかの宗教的な営みを見ていきたい。この最初の二つの章は、宗教的に実践される軍事について見るものだと言ってもいいだろう。

そして第三章では、軍隊で求められる精神・士気に注目し、それらに関する戦争論者や戦争経験者の議論について見ていく。第四章では、昭和日本軍の精神主義的傾向に焦点を当て、そのような性格をもつようになっていった背景と、実際の精神主義的言説を見ていく。この二つの章は、しばしば軍事のなかで重視される「精神」や「士気」について、その背後にある広義の宗教や宗教性を指摘するものである。

そして、第五章では、軍事のなかに見られる宗教的なものを念頭に置きつつ、宗教の軍事的側面についても概観し、それらを糸口にして「平和」について考えてみたい。先ほども述べたように、宗教が求めているものと、戦争や軍事が目指しているものは、実は同じ「平和」だからである。宗教と戦争・軍事が交錯する部分についての考察は、最終的には、「平和」に関する私たちの奇妙な本音や限界を暴くものになるかもしれない。

この小著でもって、何か今後の平和構築に向けて具体的な提言をして、一気にこの世界を改善するなどということはできない。だが、今後もさまざまな困難を抱えざるをえないこの世の中で生きていくうえで、せめて、ささやかな慰めになりうるようなものの見方がないか、探したいと考えている。

目次

第一章　軍事のなかの宗教的なもの

1　宗教的に営まれる軍事

宗教と組み合わされた武器

武器というものには、奇妙な魅力がある。

戦闘機やライフル銃は造形として美しいし、戦車や機関銃もいったいどのような仕組みで動いているのか素朴に興味をそそられる。剣や刀や槍などは、戦いの道具でありながら、所有者の社会的地位や名誉を示す象徴ともされてきた。それらは、美術品として扱われることもある。ロバート・アードレイは『アフリカ創世記――殺戮と闘争の人類史』のなかで、はるか昔から武器の改良に熱心だった人類の歴史を振り返りながら「優秀な武器が人間の夢の中心だった」[1]と述べている。良いか悪いかは別にして、確かに武器ほど人間が夢中になって作ってきた道具はないであろう。

そうした「武器」は、これまで「宗教」と組み合わされることも珍しくなかった。例えば、一六世紀におけるヨーロッパのキリスト教徒たちは、当時の新兵器である大砲に使徒たちの名前をつけたり、あるいはその砲身に聖人の像を彫刻したりしていたことがあった。『痴愚神礼讃』などで知られる一六世紀の思想家エラスムスは、『平和の訴え』のなかで、キリスト教徒たちがそのような道具を使って戦争をしていることを指して「恥の上塗り」だと批判していたほどである。[2]

ただし、大砲はその最初期からキリスト教文化とつながっていたとも言える。というのも、大砲は巨大な金属の筒なので、それを製造する際には教会の鐘をつくる技術がそのまま応用されたからである。[3] 人を殺すための新兵器は、平和を象徴するはずの道具の延長上にあったのだ。また、大砲はブロンズ像をつくる芸術家の技術の応用だったと指摘されることもある。[4] レオナルド・ダ・ヴィンチが宗教画を描く一方で、新しい武器のアイディアも考案していたように、またミケランジェロも砲術や築城術に精通していたように、かつて「芸術」と「宗教」と「軍事」の三つはゆるやかに連続していたとも言える。[5] そうした当時の背景も考えるならば、大砲に使徒の名前をつけたり聖人の像を彫ったりしていたことも全く理解できないわけではない。武器に宗教的な要素を加えたところでその性能をあげることにはつながらないが、それにもかかわらず当時の人々はそのようなことをせずにはいられなかったということ自体が、宗教学的には興味深い。

武器に宗教的な要素を加えるというのは大昔の人々ならではの非科学的な行為だったのかというと、そうでもなさそうだ。二〇一〇年に、アメリカのライフル照準器メーカーであるトリジコン社が軍に納入している照準器に聖書の言葉を刻印しているとして、国内外で物議を醸したことがあった。どのようなものだったのか実際に見てみると、聖書の言葉といっても文章そのものではなく、照準器の目立たない部分に記されている製品記号の一部に聖書の一節を示す章と節の略記号が加えられていた、というものである。

例えば、自動小銃用のACOG（Advanced Combat Optical Gunsight）というシリーズの照準器の一つには、本体の隅にACOG4X32JN8:12という製品記号が書かれていた。その文字列の4X32という部分は、倍率が四倍で対物レンズの口径が三二ミリであることを指し、その後のJN8:12というのが「ヨハネによる福音書の八章一二節」を指す、といった具合である（ヨハネは英語ではJohnでJNはその略）。聖書の箇所を示す略記号の慣習を知らない人は気付かない程度のものだが、当時トリジコン社は「国のために従軍することに対するわが社の信条、信念の表れ」だったと説明し、意図的にそのようなことをしていたことを認めている。同社はさまざまな製品にそれぞれ異なる聖書の箇所を示す略記号を書いており、それらはいずれも「光」という言葉が出てくる一節であったことは、光学機器メーカーならではのこだわりだったと思われる。

他にも、二〇一三年にアメリカのサウスフォーク・インダストリーズ社は、弾頭部分に豚肉成分を塗布した銃弾を販売したことがあった。イスラム教徒を単に殺すのみならず地獄に落とすためのものとされたが、これはさすがに多方面から顰蹙《ひんしゅく》をかったようである。

だが、実はこれと似た例は約三百年前にもあった。ジョン・エリスは『機関銃の社会史』で、ガトリング・ガン（回転式の多銃身からなる連射が可能な火器）が世に出る一五〇年近く前（一七一八年）に、ジェームズ・パクルという人物が回転式薬室を装備した新しい銃のアイディアを出したときの例を紹介している。それはまだ実用にはほど遠いものだったが、そのアイディアが書かれた絵入りの特許状のなかでは、キリスト教徒に対しては丸い弾丸を用い、イスラム教徒であるトルコ人に対しては四角い弾丸を用いる、とされていた[6]。弾丸の形状が異なる以上は銃身もそれぞれ別のものにした方がよいはずで、そもそも四角い弾丸では弾道が安定せず命中率が著しく低くなるであろう。それは一つの武器としてはかなり不合理なものだったが、どうやらその設計者は、技術上の合理性や性能よりも、宗教的差別感情の方を優先させてしまったようである。

神とともに戦ってきた日本人

武器と宗教が組み合わされたものとしては、日本においてもさまざまな例がある。

日本の武将たちが頭にかぶっていたヘルメット、すなわち兜は、ひと目でわかる通り軍事的装備品であると同時に装飾的な要素も強いものであった。だが、それらの装飾は単なる意匠ではなく、宗教的な観念に基づいたものが多かった。

例えば、真田幸村の兜には鹿の角と六道銭の形をした立物《たてもの》が付けられていた。鹿は言うまでもなく神の使いとされているもので、六道銭の方は死者の副葬品として棺におさめる銭貨であり、俗に「三途《さんず》の川の舟渡し賃」とも説明される。つまりは、死の覚悟を表現したものだったと言えるだろう。また、かつて武士の守護神として広く信仰されていたものに摩利支天《まりしてん》がある。摩利支天は、しばしば猪に乗って武具を携えた三面六臂《ろっぴ》の神としてあらわされてきたもので、武将たちのなかには摩利支天の梵字を兜の立物にしている者も多かった。

「南無妙法蓮華経」を象った江戸時代前期の色々糸威片肌脱二枚胴具足（名古屋市博物館蔵）

他には、上杉謙信の兜には飯綱《いづな》権現の姿をあしらった前立《まえだて》が付いていたこともよく知られている。飯綱権現とは、白狐に乗って剣を手にした烏天狗《からす》の姿であらわされることの多いもので、戦の神として他の武将たちからも信仰された神仏習合の神である。上杉謙信は毘沙門天《びしゃもんてん》も熱心に信仰していたので、旗に毘沙門天の「毘」の文字を描いており、兜の前立に「毘」の字を使っていたこともあった。

加藤清正のものと伝えられている兜には「南無妙法蓮華経」という縦書きの七文字がそのまま前立になったものがある。[7] またそれとは別に、日蓮宗の大曼荼羅《だいまんだら》本尊の前立も、加藤清正の兜につけられていたものとして現在に残されている。直江兼続《かねつぐ》の兜の前立が「愛」の文字をかたどったものであったことはよく知られており、これについては諸説あるものの、愛宕《あたご》権現もしくは愛染明王を意味する可能性が高いとされている。このように、武将たちの多くは頭に神仏やそれに関する何かを戴《いただ》いていたのであり、つまり宗教とともに戦っていたのである。

近現代の日本軍も、宗教と無関係ではなかった。最も典型的な例としては、日本海軍の艦船の「艦内神社」があげられる。日本では古くから船霊《ふなだま》信仰があり、漁船などにも操業の無事と大漁を願って神札などを祀《まつ》る習慣があった。明治時代に新たに誕生した海軍でもそうした慣習が受け継がれ、さまざまな神社の御祭神が分霊されて艦内の神棚に祀られるようになったのである。久野潤《くのじゅん》によると、例えば、史上最大の戦艦「大和」には、奈良県天理市の大和《おおやまと》神社、同

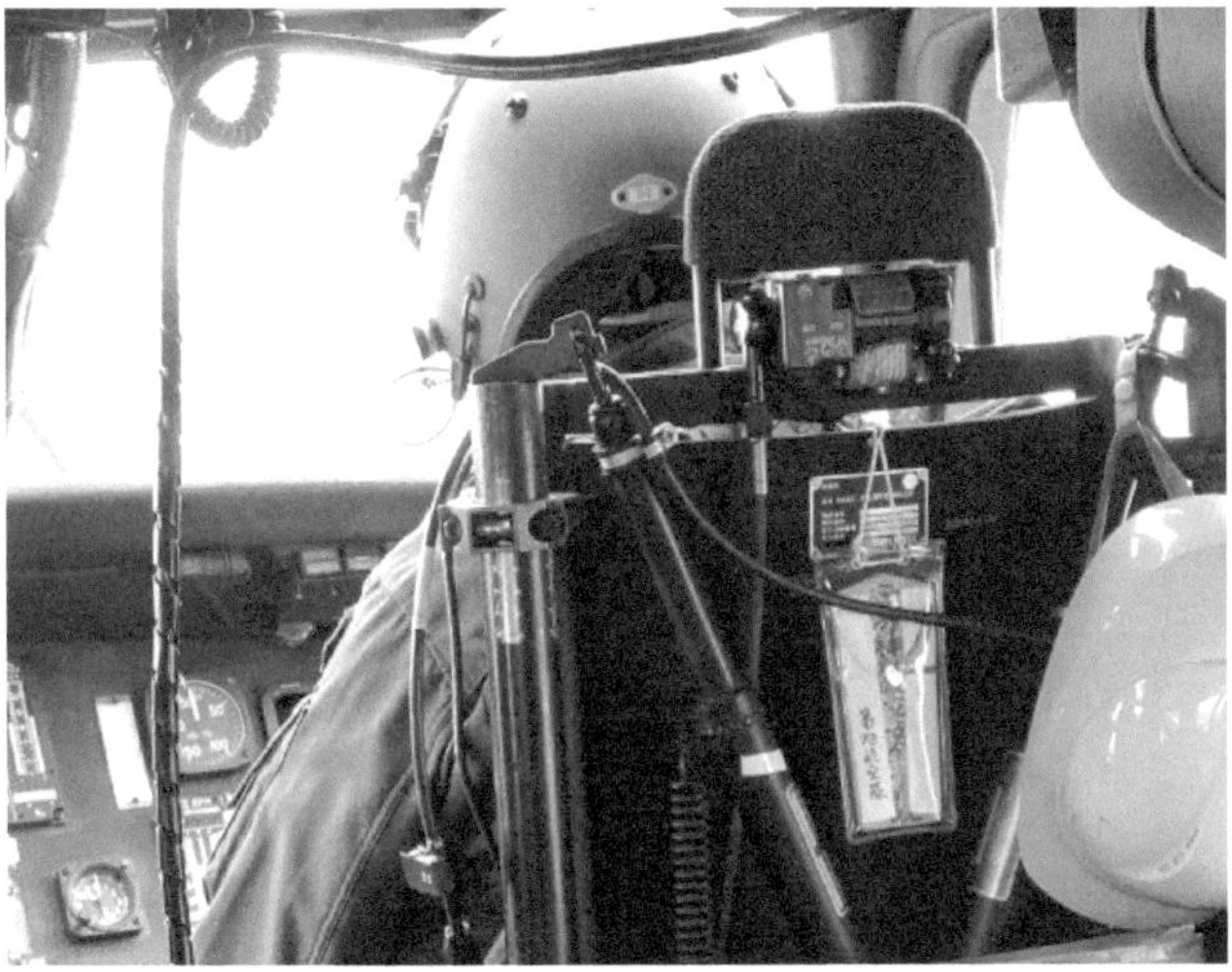

海上自衛隊の救難ヘリコプター UH-60J のパイロット席に下げられた神札

型の戦艦「武蔵」には埼玉県さいたま市大宮区の氷川神社から分祀《ぶんし》された神棚が祀られていた。他にも、空母「赤城」の艦内神社は群馬県前橋市の三夜沢《みよさわ》赤城神社から分祀されたものであり、重巡洋艦「妙高《みょうこう》」は新潟県妙高市の関山《せきやま》神社、軽巡洋艦「名取」は宮城県仙台市の青葉神社、といった具合である[8]。それぞれの軍艦はもちろん当時最先端の科学技術をもって建造されたものだが、このようにそこにははっきりと宗教も組み込まれていた。太平洋戦争時の日本軍は、神々とともに戦っていたのである。なお、こうした艦内神社は、現在の海上自衛隊の護衛艦にも設置されている。

　航空機に関しては、日本の航空機開発の先駆者である二宮忠八《にのみやちゅうはち》が「飛行神社」を創建している。一九一五年に二宮は京都の自宅敷地内に航空殉難者のための祠《ほこら》を建て、それは一九二七年に磐船《いわふね》神社から饒速日命《にぎはやひのみこと》を勧請《かんじょう》して「飛行神社」となった。太平洋戦争時の軍用機に何かしら宗教との関わりがあったかどうかは不明である。だが、私自身は現在の自衛隊のヘリコプターUH－60JとUH－1J、および哨戒機《しょうかいき》P－3Cに搭乗した際、それらのコックピットのすみに、飛行神社あるいはその他の神社から授与された神札やお守りが貼られていたのを直接確認している。

なお、これまで航空自衛隊にF－2戦闘機やF－35A戦闘機が納入された際にも、それらの機体の前で神職による儀礼が執り行われてきた。最新鋭の戦闘機と伝統的な装束を身につけた神職との組み合わせは珍しいものに見えるが、他国でも似た例はある。例えば、ギリシア軍やロシア軍では正教会の司祭が戦闘機や爆撃機に聖水をかけて祝福するなどしている。

「武器」と「宗教」の密接な関係

ところで、そもそも「武器」とは何なのか。私たちは何を「武器」とみなしてきたのだろうか。

戦争とは武器をもって営まれるものだが、「武器」の定義についてはこれまでさまざまな議論がなされてきた。例えば、斎藤利生《としお》は『武器史概説』で、武器を「敵の保有する戦力を低下

2017年6月5日、国内で組み立てられたF-35Aステルス戦闘機が公開され
三菱重工業小牧南工場で神事が執り行われた様子（写真提供 産経新聞社）

させる為何等かの効果を期待しうるもの、およびその効果を有効に発揮させるために使われる補助的道具の総称」であるとし、簡潔に言い直すと「直接、間接に敵の戦力低下を目的として使われる道具」だと定義している。[9] 数学や語学も広い意味では武器だという考え方もあるが、基本的には武器といえば、剣や銃や戦車など、直接的に相手を殺傷することのできる道具を指す場合が多い。武器の定義は厳密に議論しようとすると結構複雑になるが、いずれにしても、それらはその構造や機能において科学的合理性を重視するものでなければならないであろう。

それに対して「宗教」とは何かというと、神やその他何らかの超越的な存在に関する信仰、教義、儀礼などの体系、それらに基づいた人間生活の究極的な意味に関連する世界観や人生観、もしくは社会的な制度、規範である。これまで哲学、人類学、社会学、心理学など、さまざまな観点から「宗教」の定義が試みられてきたが、結局「宗教」の定義は宗教学者の数だけあるなどとも言われ、宗教学の世界ではいかなる対象や条件にも当てはまる普遍的な「宗教」の定義は不可能であるとされている。だが、いずれにしても、宗教とは個々人の価値観や社会の慣習や伝統と深い関わりをもつ営みであって、科学的合理性や実証主義とは別の基準によって営まれるものだと言えるであろう。

したがって、「武器」のあり方と「宗教」のあり方は、その根本が著しく異なるようなイメージを持たれるかもしれない。ところが、両者の関係は意外と密接である。現に『宗教学辞典』(東京大学出版会)にも「武器」という項目がたてられており、これまで世界各地では武器が宗教上の象徴とされたり、あるいはそれ自体が崇拝対象になったりしてきたことが解説されている。

例えば、インドにおけるバラモン教の主要神インドラは、ヴァジラという武器を持っていて、それで悪竜ヴリトラを退治したとされている。やがて、そのインドラは「帝釈天」と漢訳され、彼の武器ヴァジラは「金剛杵《こんごうしょ》」と訳されるようになった。その武器は中央に把手があって両脇に鋭い切っ先がついた形状のものとして描かれ、仏教では煩悩や迷いを打ち砕く菩薩心の象徴

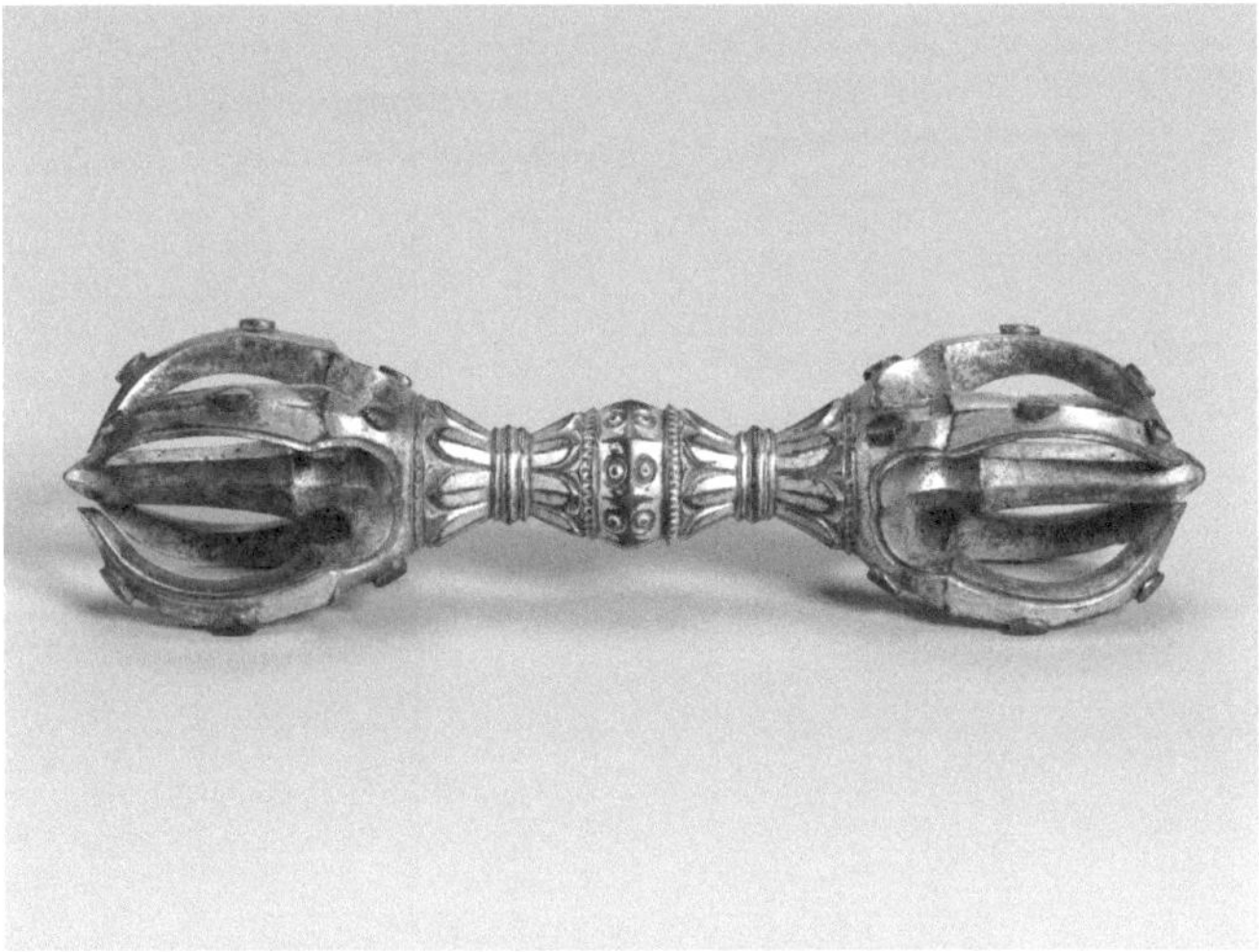

鎌倉時代の金剛杵（九州国立博物館蔵、ColBase）

とされるようになっていった。執金剛神《しゅうこんごうじん》はその武器を手にしていることが特徴である。しばしば空海が絵に描かれる際も、その武器を手にした姿であることが多い。今でも高野山に行くと、さまざまなサイズの金剛杵をモチーフにしたお土産が売られている。

他にも、不動明王は悪魔を降伏《ごうぶく》させるという「降魔《ごうま》剣」を手にしているし、一二世紀頃から流鏑馬《やぶさめ》は祭礼・神事と結びついていたように、弓矢も神信仰との関わりで用いられるものである。「白羽の矢」という表現は、俗説ではあるが、人身御供《ごくう》を求める神がその望む少女の住家の屋根に人知れず白羽の矢を立てるという話から来ている。現在でも、正月になると、多くの人は神社で「破魔矢」を手に入れて自宅に持ち帰ったりする。修験道における九字《くじ》の法・蟇目《ひきめ》の法も、剣や弓の威力で怨霊や怨敵を追い払おうとするものである。日本では剣が神体とされている例があることはよく知られているが、武器崇拝は古代エジプトやケルト人のあいだでも見られたようである。

「剣を取る者は皆、剣で滅びる」というイエスの言葉はキリスト教徒ならば誰でも知っている。「あなたの頬を打つ者には、もう一方の頬をも向けなさい」という言葉も有名だ。ところが、ローマ・カトリック教会の総本山バチカンを警備するスイス衛兵は、今も堂々と大きな槍斧《そうふ》や剣を手にしている。そうしたことを問題視するカトリック信徒はほとんどいない。スイス衛兵は単なる儀礼的な存在ではなく、軍事訓練を受けた兵士であり、その装備品には銃も含まれている。日頃主張している平和主義にもかかわらず、武器がタブー視される傾向は全くないと言っていい。そもそも新約聖書には「神の武具」「信仰の盾」「霊の剣」といった武器にまつわる表現が多く出てくる。天使ミカエルや聖ゲオルギウスなどを描いた絵画でも、彼らは手に剣や槍などの武器をもって悪魔と戦っている姿で描かれるのがお決まりのパターンである。セルビア正教会のデチャニ修道院には、剣を手にしたイエス・キリストのフレスコ画もある。

世界各地には、ある武器には特殊な由来があるとされたり、超自然的な力が宿っているとされたりして、畏怖の対象となるような言い伝えもある。剣や刀に何らかの霊が取り付くといった物語も少なくない。日本の「草薙剣《くさなぎのつるぎ》」や、ケルトの「エクスカリバー」などのように、伝説や神話である特定の武器に特別な由来があるとされたり、超自然的な力が宿っているとされたりする例も多い。室町時代の刀工、村正の刀は優れた品質で名高かったが、一方で「妖刀」と呼ばれて持ち主に祟《たた》るなどとも言われた。

古今東西、武器は単なる道具ではなく、尊敬や畏怖の対象にもなってきた。それらは本来の機能を超えて、しばしば宗教や神話のなかで何らかの象徴とされたり、何かしら重要な役割を与えられたりすることが珍しくないのである。

剣と槍斧を携えてローマ教皇庁を守衛するスイス衛兵（バチカン）

日本の軍旗の宗教性

狭い意味での武器ではないが、日本軍においては「軍旗」も極めて重要な装備品の一つであり、それは宗教的と言っても過言ではない存在であった。

日本軍が初めて旗を持ったのは、一八七〇年における天覧の連隊大操練の時だったようである。この時に各藩が従来持っていた旗章の使用が差し止められ、その代わりに一〇旒《りゅう》の連隊旗と一六旒の大隊旗が授けられた。正規の「軍旗」が初めて授与されたのは、一八七四年に近衛歩兵第一連隊と第二連隊が編制された時で、日本における軍旗の歴史はここから始まったとされる。この一八七四年から太平洋戦争が終わる一九四五年までに、日本軍では合計三九三旒の軍旗が授与されている。

日本における軍旗の採用や由来については、西周《あまね》の建言によるという説もあるようだが、あまり定かではない。日本陸軍は創設当初はフランス式にならっていたため、軍旗の扱いやその位置づけ等についてもフランスの影響を強く受けることになったという説もある[10]。だが、言うまでもなく、日本軍における軍旗は天皇の存在と密接不可分であるところに最大の特徴がある。

一八七四年に初めておこなわれた軍旗授与式では、天皇自らが連隊長に軍旗を授与している。その際の勅語と連隊長の奉答《ほうとう》文の内容からすると、軍旗の授与をめぐって天皇と将兵とのあいだに一種の忠誠誓約が交わされたとみることもできるようだ。鈴木健一は論文で、軍旗はその授与のプロセスを通して「天皇統治下の連隊の象徴」となり、「天皇の分身」として奉戴《ほうたい》されるようになったとしている[11]。

明治時代の軍旗授与式では、旗手や連隊長は入念に斎戒《さいかい》沐浴したうえで式に参列しており、昭和に入ってからもそれが不文の慣例となったとも言われている。旗手には最も優秀な少尉が任じられ、その任務を解かれるまでは女性との交際を慎むように言い渡されもしたようだ。軍旗それ自体についても、軍旗の下の端に書かれてある連隊号は天皇の宸筆《しんぴつ》（直筆）であるとか、周囲の房は皇后が手ずから縫われたものだとか、また旗の生地には皇后が飼われている蚕の繭《まゆ》から紡いだ絹が使われているとか、さまざまな話もあったようだが、その真偽は不明である。[12]だが、いずれにしても、日本では軍旗の登場と同時に、それを神聖なものとみなす態度が確立したと言ってよい。

「神旗の威霊」

しばしば「軍旗祭」というものもおこなわれていた。それは連隊をあげての祝典で、その起源については資料が少ないが、一八九〇年代から各連隊でそうしたものがおこなわれていたことが確認できる。軍旗祭は、授与式の際の勅語と奉答文を捧読《ほうどく》するなどの式典の後、一般市民にも営内を開放して、模擬戦、相撲大会、演劇会、仮装行列などが行われるオープンデー的なものだった。将兵たちにとっては、平素の厳しい生活とはうってかわった解放感を味わうことのできる楽しい日だったようである。

だが、その軍旗祭のときに軍旗が安置される場所は「祭壇」と呼ばれるなど、[13]明らかに宗教的な雰囲気もあったことがうかがえる。軍旗は一メートルほどの高さの祭壇の上に、叉銃《さじゅう》した三丁の銃に支えられる形で安置され、そのまわりは幕で囲まれ、しめ縄も張られており、神酒、餅、海の幸、山の幸が飾られ、時には急造りの社殿が用意されることもあり、またその傍らに連隊の戦死者の写真が並べられることもあった。[14]『近衛歩兵第一聯隊《れんたい》歴史』によれば、一八九四年の軍旗祭で連隊長が朗読した祭文は次のようなものであった。

「天皇陛下は、明治七年一月念三日を以て、我聯隊に軍旗一旒を親授し給ひ、汝軍人等協力同心して益々威武を宣揚し、以て国家を保護せよとの聖勅を賜ふ……（中略）今や軍旗授与の二十年祭を挙行するに当り、吾儕虔んで軍神と敬仰せる此軍旗を壇上に擎祭し、赤誠を布き、以て之を拝し丹心を捧げ、以て之を祝し、国家一旦緩急あるの日に当ては、無二の忠精を以て栄誉ある此軍旗の威霊を汚さゝるを期し謹で之を祭る嗚呼神旗の威霊なる吾儕一心の誠衷を鑑照して冀くば歆享せよ」[15]

この文章で注目したいのは、「軍神と敬仰せる此軍旗」「神旗の威霊」といった言葉である。軍旗には「威霊」があるとされ、「神旗」とも呼ばれていたのであるから、それはもう決して単なる布ではない。歩兵操典にも「連隊ハ軍旗ヲ奉ジ有スル難局ヲ克服シテ其ノ特色ヲ発揮シ戦勝ノ獲得ニ邁進スル」[16]ものと書かれている。連隊にとって軍旗はなにものにも代えられない存在であり、戦場にあっては死を賭してそれを護持することさえ求められるものであった。軍旗を敵に奪われることは連隊にとって最大の恥辱だったため、明治から昭和にかけて、軍旗亡失に関しては壮絶な逸話がいくつも残されている。

例えば、一九〇四年、近衛後備《こうび》歩兵第一連隊は広島から輸送船に乗って満州に向かっていたが、その途中、ロシアの軍艦に遭遇して砲撃を受けた。沈没必至と判断した連隊長は、船の甲板上で重要書類を焼却するとともに軍旗を奉焼《ほうしょう》し、連隊長と連隊旗手はその焼尽を見届けてから自決している。一九三九年のノモンハン事件においては、歩兵第六四連隊がソ連軍に重囲《じゅうい》されたため、軍旗を敵の手に渡すことがないように奉焼し、連隊長はその後自決した。同じくノモンハンで、ソ連軍戦車部隊との対決を前にした日本軍の歩兵第七一連隊の連隊長は、自分たちの敗北を確信したため軍旗を相手に奪われないようあらかじめ奉焼してから最後の突撃をおこない、全滅している。歩兵第二八連隊は、一九四二年にガダルカナル島奪還命令を受けて同島に上陸したが、アメリカ軍の猛攻にあって連隊は全滅し、連隊長は軍旗を奉焼して拳銃自決した。太平洋戦争では二九旒の軍旗が失われたが、ほとんどがこれらと同様に、軍旗奉焼をしたうえでの連隊長の自決あるいは全滅、という結果になっている[17]。

このように、日本陸軍では、戦闘には敗北しても軍旗だけは決して敵に渡さない、という考えが浸透していた。鈴木健一は「天皇により授与された軍旗は、無形の精神教育資料としての軍人勅諭とともに、有形の精神教育資料として、将兵の精神的支柱の双璧として徹底されていた」[18]と述べている。

鈴木の指摘で興味深いのは、軍旗は終戦においてもわりと重要な役割を担ったとしている点である。一九四五年八月一五日の天皇による「終戦の詔勅」はよく知られているが、一部の将兵たちのあいだでは終戦に反対して徹底抗戦を叫ぶ者たちもいるなど、混乱の兆候もあった。そこで天皇は、八月二五日にも軍の解体と将兵の復員を促す勅語を発して混乱の防止につとめたが、同時に大本営陸軍部は、各軍・師団に対して軍旗の奉焼を指示したのであった。陸軍の解体・復員が比較的混乱なくおこなわれたことについて、鈴木は、この有形の精神的支柱としての軍旗の奉焼も影響したのではないか、と指摘している。[19]「軍旗奉焼」によって、敗戦を認めたくない将兵たちにも気持ちの区切りをつけさせて、抗戦意識を削ぐことができたというわけである。

戦国時代の戦争と宗教

日本の軍事における旗については、もっと時代を遡ることもできる。

神田千里《ちさと》は『戦国と宗教』のなかで、戦国時代の日本でも戦場に赴く際には広い意味での神仏の守りが不可欠とされていたことを指摘している。神田によれば、武田信玄は諏訪明神の神号である「南無《なむ》諏方《すわ》南宮《なんぐう》法性《ほつしょう》上下《かみしも》大明神」の軍旗を用い、上杉謙信は前述のように毘沙門天を表す「毘」の軍旗を用いた。徳川家康は浄土信仰の言説である「厭離穢土《おんりえど》、欣求《ごんぐ》浄土」と記された軍旗を用いたという。宗教的な文言が書かれた旗を用いるという傾向は、キリシタンにおいても同様だった。島原の乱で用いられたと伝えられている旗には、大きな聖杯をはさむように二人の天使が描かれ、その上には「LOVVADO SEIA O SÃCTISSIMO SACRAMENTO」（至誠なる聖体の秘蹟は讃美されよ）という文字が書かれている。

人間社会における組織的な戦闘においては、宗教的な要素と無縁であることの方がむしろ珍しいと言ってもいいかもしれない。それはいわゆる「一揆《いっき》」においても言える。一口に一揆と言ってもさまざまで、実際には時代によってその言葉の意味や用法は多様であるようだ。[20]ここではその詳細には触れないが、しばしば一揆においては「起請文《きしょうもん》」という神仏への誓約書が作成され、「一味《いちみ》神水《しんすい》」という宗教儀礼をへて結束した集団によって実行された。一味神水とは、起請文を焼いて灰にした後、それを神仏に供えた水に混ぜて全員で回し飲むという儀式である。それぞれの一揆にかかわる者たちのすべてが普段から信心深かったというわけではないだろうが、生死をかけた大きな決断をするにあたり、団結を強固にして士気を鼓舞し、裏切り者を出さないようにするためには、宗教的儀式をおこなうことが有効だと人々は経験的に知っていたのかもしれない。

かつて日本では、戦国大名たちが戦の前に「願文《がんもん》」と呼ばれる願い事をしたためた文章を神前に奉納する習慣があった。それは確かに神に向かって戦の成功を祈念するものであったが、山室恭子によると、多く残されている武田信玄の願文を読んでいくとあることに気付くという。それは、その文章のなかに神意を占う卦《け》の結果がどう出たかが縷々《るる》説明されている箇所もあることなどから、これらは純粋に神に捧げられた祈りというよりも、むしろ戦に参加する将士たちの士気を鼓舞し、社頭に集った人々に対して戦いの正当性を説いて聞かせるためのものだったとも考えられるというわけである。[21] とはいえ、少なくとも形の上では神に対して戦勝を祈っていたわけだから、これも十分に軍事における宗教的儀礼の一種とみなすことはできるであろう。

戦国時代の戦いがいかに呪術と密接であったかを解説しているのが、小和田哲男の『呪術と占星の戦国史』である。小和田は戦国時代を「呪術が歴史を動かした時代」[22] であるとも述べている。戦国時代といえばその名の通り人と人とが殺し合った時代であり、実力だけがものをいう時代だというイメージがあるかもしれない。しかし、実際の武将たちの軍事行動は占筮《せんぜい》や占星と極めて密接で、神仏を拝みながらなされていたと言っても過言ではないようである。

一五六〇年の桶狭間の戦いは、今川義元の二万五〇〇〇人の兵に対し、織田信長はわずか二〇〇〇人の兵で戦ったと伝えられている。当時の戦闘は人数が多ければ多いほど有利であるが、結果は今川義元が首を取られ、今川方総崩れとなった。こうした例に典型的なように、戦においては理屈に合わないように見えることがしばしば起こる。そのため、人々は戦においてはどうしても「天運」とか「神仏の力」とか、人知のおよばない何かをイメージせずにはいられなかったのである。

『陰徳太平記』によれば、武士たちは「南無阿弥陀仏」の文字を記した阿弥陀如来の名号や「南妙法蓮華経」の「法華の題目」を記したものを身につけていた。『明徳記』には、死を覚悟した将兵が「弥陀の名号」や「阿字本来の曼荼羅」を首にかけて死に備えたと記されている。[23]ザビエルが日本に来た数年後に来日した医師・商人で、後に宣教師となったルイス・デ・アルメイダは、キリシタンの武士たちも戦に際してはさまざまなお守りの類を求め、戦場では十字を切ってイエスやマリアの名を唱えていたことを報告している。また、当時は、背負って運ぶくらいのサイズの「陣仏《じんぼとけ》」と呼ばれる仏像が戦場に運ばれることも珍しくなかったようである。

「摩利支天」は、帝釈天が阿修羅と戦った際に日と月を守ったと伝えられているもので、サンスクリット語のマリーチの音写語である。日本では前述のように護身・勝利をつかさどる武士の守護神とされ、絵や彫刻では猪に乗って弓を構えた姿などで表現されている。それはいわゆる軍神の一つとして、多くの人々から崇敬された。武将たちは布に「摩利支天」と書いて、それを一文字ずつ切り離して四つにし、それぞれを定められたところに縫い付けることで「お守り」とすることも多かったという。[24]

くじ、占星術、験担ぎ

小和田によれば、戦国時代は現在多くの人に知られている六曜はほとんど使われておらず、その代わりにもっと複雑な組み合わせから設定される吉日・悪日があった。武士が台頭した平安末期から兵仗《ひょうじょう》吉日と忌日が意識されており、時代が進むにしたがってどんどん複雑な吉日・悪日の判別法が生み出されていった。それは単純に一覧表にして示せるようなものではなく、天文・暦法に通じた者にしかわからない複雑なものになり、その判別を陰陽師や呪術者たちが担ったというわけである。出撃の日の選定において、例えば足利将軍家では陰陽頭《おんようのかみ》が吉日を選んでおり、大友宗麟の家臣も筥崎《はこざき》実相院の景林という易者に占わせたりした。[25]

おみくじというのは現代でもあるが、史料上占いとしての「鬮《くじ》」が確認できる最初期の例は、藤原定家の日記『明月記』における一二三三年の記述「孔子《くじ》」であるようだ。武将たちのあいだでも、大きな判断をする際には鬮が用いられることがあった。大友宗麟といえばキリシタン大名として知られているが、彼が洗礼を受けた後も、大友家中では軍事行動をおこなう際に鬮を引く習慣があったことを示す史料がある。薩摩の島津氏においても、戦いの日時や攻撃の際の方角などは霧島社（霧島神宮）の鬮によって決めていた。その際の鬮というのは、「一」と書いた紙と、「二」と書いた紙と、あと白紙を一枚、合計三枚を用意して、例えば「一」が出たらそのまま包囲を続ける、「二」が出たら総攻撃を仕掛ける、「白紙」の場合はもう少し様子を見る、といったふうに用いられたようである。[26]

鬮で戦略や作戦を決めるというのはひどく非合理的、非理性的であるように見えるが、中世においては「天の命ずるところに従う」という考え方があり、神意が出ればそれは絶対の重みをもったという。小和田は、戦のやり方についていろいろな意見が出る中で皆を納得させる一手段という意味では、鬮はむしろ合理的なやり方だったと言ってもよいのではないかと指摘している。[27]また彼は、味方のあいだでもどのグループを先陣にしてどのグループを殿軍《でんぐん》にするかとか、どちらを大手攻めにしてどちらを搦手《からめて》攻めにまわすかといったことも鬮で決められていたことから、鬮は紛争解決の手段としても用いられたのではないかとしている。

イエズス会宣教師として長いこと日本で暮らしたジョアン・ロドリーゲスは、『日本教会史』のなかで、当時の日本人が占星術に深く影響されていたことについて語っている。彼によれば、日本（およびシナやコーリア）の人々が「どれほど占星術のくだらない迷信に惑溺しているかは、容易には語ることができないほどである」[28]としつつも、それらをかなり細かく観察しており、そうした占星術は三種類に分類できるとしている。一つは「自然的魔術」で、個人の素質や運命、宿命、幸・不幸などを判断するもの、二つ目は天体現象にしたがってさまざまな事柄について判断したり予測したりする「実用占星術」、三つ目は、家を建てる際に位置や方位の良し悪しを判別したりするものだという。そして、この二つ目の実用占星術が占うものの例として、敵に戦いを挑む際に勝算があるかどうか、というものがあげられている。[29] 小和田は、当時の日本では「占星術そのものが兵法として認識されていた」として、土佐の戦国大名長宗我《ちょうそか》部《べ》元親《もとちか》が吉田次郎左衛門貞重という天文学に通じていた男を抱えていたことや、越前の戦国大名朝倉孝景《たかかげ》が自ら「天之図」を所持して天文学を学習していたことなどを例にあげている。[30]

こうしたものの他にも、さまざまな験《げん》担ぎがあった。鳥が味方の方から敵陣の方へ向かって飛んでいくのが見えたら味方の勝ちだとか、数字の「四」は「死」に通ずるということで、「四」の文字をどうしても使わねばならないときは別の記号のようなもので置き換えたりとか、甲冑を置く際や身に付ける際も北向きを避けたりする、といったものなどである。進軍途中に旗竿が折れることは珍しくなかったようだが、どの部分で折れたかでもって吉凶が判断されたりもした。

2　お守りなしではいられない兵士たち

軍事に占いの類を持ち込むことに対する批判

このように、宗教や宗教的なものは、軍事戦略そのものに影響を与えることも珍しくなかった。だが、そうした傾向を批判する言説もかなり古くからある。

『孫子』は日本でも古くからよく知られている中国武経《ぶけい》七書の一つである。それは今から約二五〇〇年も前に書かれた戦争論の古典であり、キリスト教の新約聖書よりも古い。現在では、ビジネスのための啓蒙書のようなものとしても読まれているようで、「戦わずして人の兵を屈するは善の善なる者なり」などの言葉や「風林火山」の元ネタがこの本に含まれているのは周知のところであろう。今ここで注目したいのは、この『孫子』の最後の方に置かれている「用《よう》間《かん》篇」のなかの一文である。この章の主題はいわゆるスパイに関する事柄なのだが、その中で、宗教的なものを軍事の世界に持ち込むことを批判する次のような一文が出てくる。

「明主賢将の動きて人に勝ち、成功の衆に出ずる所以の者は、先知《せんち》なり、先知なる者は鬼神に取るべからず、事に象《かたど》るべからず、度《たく》に験《けん》すべからず。必ず人に取りて敵の情を知る者なり」[31]

これは現代語では次のような意味になる。すなわち、聡明な君主や優れた将軍が行動を起こして敵に勝ち、人並みはずれた成功を収めることができるのは、あらかじめ敵情を知ることによってである。あらかじめ知るというのは、鬼神などに祈ったりあるいは占ったりするような方法によってではなく、また天界の事象になぞらえたり天道の理法と突き合わせて実現するのでもなく、あくまでも人間の知性の働きによってのみ可能となる。

『孫子』でわざわざこのように述べられているということは、それが書かれた時代の中国でも軍事の世界に占いの類が持ち込まれていたことを逆に証明している。浅野裕一によれば、ここで『孫子』の著者が批判の対象としているのは当時流行していた陰陽流兵学の考え方だという。[32] 陰陽流兵学とは、月日・方位・風向きの吉凶、北斗七星や南斗六星の柄の方向、五行の循環、鬼神のお告げなどによって敵味方の将来を占うものだった。『孫子』はそれに対して、鬼神や天象・天道などと軍事との因果関係をはっきりと否定して、戦争においてはしっかりと人知のみに信頼すべきであるとしたのである。浅野は『孫子』のこの言葉をもってして、「後の世に神頼みでは決して勝てないとの合理主義的兵学を発展させる、偉大な先駆け」であると評している。[33]

一方、古代インドには、「インドのマキァヴェッリ」と呼ばれることもある人物、カウティリヤ（紀元前四世紀）がいた。カウティリヤが残したとされる『実利論』は、世俗的な野心から名誉・金銭・権力を手に入れるにはどうするべきかについて、目的のためには手段を選ばない冷徹な姿勢で論じられたものである。そのなかでカウティリヤは戦争や軍事についても詳しく触れ、それとの関連で宗教的なものについても言及している。

例えば、配陣が完備したら宮廷祭僧を用いて兵士たちを勇気づけるべきであるとか、占星家のグループを用いて、彼らが智者であり神と交際があると宣伝して味方を鼓舞し、敵を戦慄《せんりつ》させるべきであるとか、また戦いの前日には火中に供物を捧げさせて、バラモンたちによって祈《き》禱《とう》をさせよ、といった具合である。[34]

ただし、それはカウティリヤ自身が信心深かったからではなく、宗教を巧みに利用することで軍の士気を最大限に発揮させようという実利的な考えに基づいて述べられているのである。彼は別の箇所でも、誰かを聖者や隠者に偽装させ、同時に秘密工作員たちによってその人物のカリスマ性を演出し、それでもって相手側の大臣などを籠絡《ろうらく》させて王を出し抜くといった方法などについても論じている。[35]

『孫子』の著者は、宗教的・呪術的なものを信じていなかったから、軍事からそれらを排除し、人知のみを信頼しようとした。一方、カウティリヤも宗教的・呪術的なものを信じていなかったが、だからこそ彼は逆にそれらを都合よく利用しようとした、という違いがあったと言える。

戦場の兵士たちが見たもの

ところで、これまで戦時下の末端の兵士たちの間では、さまざまな「予言」が発生してそれが広がっていくという現象もよく見られた。

予言と一口に言っても、もちろんさまざまな種類がある。聖書に基づくものや、星や惑星の動き、占星術に基づくものもあれば、昔に書かれた予言的文書を再解釈したもの（ノストラダムスに関するものなど）や、すでに亡くなっている人物の言動を予言として解釈するものなど、多様であった。何かが起こりそうな「奇妙な予感」である場合もあれば、幻覚あるいは夢などによって何かを知らされる、という形をとることもあった。当然ながらそれらを科学的に解明することなどできないが、現にそうした証言や噂が大量に発生したこと自体が、戦場の将兵たちの置かれていた過酷な環境や精神状態を物語っていると言える。例えば、小松真一の『虜人《りょじん》日記』にも、兵士たちのあいだでコックリさんが流行し、故郷に帰れる日や家族の安否などについて占われていたことが記されている。[36]

オーウェン・デイヴィスは『スーパーナチュラル・ウォー』で、主に第一次大戦時にみられたそうしたさまざまな予言に加え、宗教、呪術・験担ぎの類を大量に集めて紹介している。そこに挙げられている多くの「戦争フォークロア」は、極限状況においてあらわになる人間の根本性向を表しているようで大変興味深いものである。そこからいくつかの例を紹介したい。

第一次大戦中は、兵士を見守る天使の絵葉書やイラストなどが多く作成された。だが、それだけではなく、塹壕《ざんごう》における兵士たち自身による天使の目撃証言も多かった。[37]もちろん誰もがそうした話を信じたわけではなく、似たような証言や噂があまりに多いものだから、それらに飽きたりうんざりしたりしていた人たちも少なくはなかったようである。天使などを見たという話にはさまざまなバリエーションがあったが、デイヴィスによれば、看護師や従軍チャプレンたちの書簡で紹介されているそれらの話はどれも兵士から聞き取ったものばかりで、彼らが自分で直接見たわけではないという。兵士が語る場合も、「友達の友達が見た」といった話になるようである。目撃された対象は天使だけでなく、戦死した友人の幽霊であったり、あるいは聖母マリアである場合もあった。戦場におけるマリアの目撃証言は開戦初期から多く寄せられており、それらの例はフランス、ドイツ、ロシアなど複数の国々で確認できるという。

天使や聖母マリアと並び、戦場で「目撃」された不思議な存在の一つとして第一次大戦時に特徴的なものに、「白い仲間」(white comrade)と呼ばれるものがあった。恐怖と混乱の戦場を、白い服を着た不思議な男が歩き回り、負傷者の手当をしていた、という目撃談である。英国の従軍チャプレン、C・E・ダウドニーによれば、白い服の男が負傷者や瀕死の者に寄り添って肉体的および精神的な支援を与えていたという話は兵士たちのあいだで多く語られていて、それが「あのお方」(キリスト)であるということはみんなわかっていたけれども、兵士たちはあくまでも「白い仲間」と呼んでいたという。

この「白い仲間」の元ネタは、デイヴィスによれば、一九一五年の春に発表されたW・H・

レゼムの「塹壕にて」という短編小説とのことで、『白い服の仲間』(The Comrade in White)というタイトルでも出版されている。それがさまざまな刊行物に再掲され、人々の口を通して広がって、「白い仲間」を実際に見たという戦友の話を聞いた戦友の話、といった形で広まり、一部の新聞はそれを実話として報道してしまったりもしたと推測される。レゼムの短編が発表されたのとほぼ同時に、ロンドンで開かれた戦争美術展でジョージ・ヒルヤード・スウィンステッドという画家の「白い服の仲間」という絵が出品され、それも評判になっている。それは負傷兵を支える軍医の前に白衣をまとったキリストが出現した様子を描いたもので、レゼムの本『白い服の仲間』の挿絵にもなった。

戦場で聖なる何かが出現して自分を守ってくれた、という主旨のエピソードは枚挙にいとまがない。第一次大戦では、空に巨大な白い十字架が現れて、そのあいだは誰も一発も発砲しなかったといった話も複数伝えられている。だが、戦場で空に十字架が現れるといったタイプの話は千年以上前からある。その元祖は、おそらく四世紀のコンスタンティヌス帝のものであろう。

エウセビオスによれば、ある日の午後、コンスタンティヌス帝が空を見上げると十字架の幻が現れて「これにて勝て」との言葉が告げられたとされている。一方、ラクタンティウスによると、コンスタンティヌスは夢の中で、ギリシア文字のXとP(ギリシア語でキリスト

ΧΡΙΣΤΟΣと書いたときの最初の二文字）を自軍の兵士の盾に描くよう神から啓示を受けたとされている。それが「事実」であるかは知りようがないが、とにかくコンスタンティヌスはそのXとPを重ね合わせた印を兵士たちの盾に描かせて戦いに臨んだところ、勝利することができた。後に彼はミラノ勅令を出してローマ帝国でキリスト教を公認することになり、そのXとPを重ね合わせたマークはキリスト教の象徴の一つとされるようになって現在にいたっている。

戦場で空に十字架やそれに類した印があらわれるといった話は、コンスタンティヌスの時代から一六〇〇年後にも繰り返されたわけである。

スピリチュアリズム

死者との交流などをおこなういわゆる心霊術（スピリチュアリズム）は、世界各地で古くからあるもので、ヨーロッパでも当然第一次大戦前からあった。ただし、カトリックもプロテスタントも、心霊術は迷信であってそれは悪魔崇拝にもつながりうるものだとして非難していた。というのも、死者との交流は、伝統的なキリスト教においては教会での祈りを通してなされるものであるか、もしくは司祭の仕事の範疇《はんちゅう》にあるものとされていたので、それとは異なる霊媒などは異教であるとして認めることができなかったのである。だがそうした心霊術は、戦争をきっかけとしてあらためて人々の注目を集めるようになった。

心霊術のグループによって、前線に食料、医薬品、煙草などを送るための募金活動もおこなわれた。「心霊術救急車基金」というものもあり、そこで集められた大金でフォードから六台の救急車を購入して陸軍省に寄贈するということもなされた[38]。同じ心霊術関係者のなかには、そうした行為を「戦争協力」だとして非難した者もいたようである。だが、コナン・ドイルが「スピリチュアリズムの軍事的価値」で書いたように、心霊術によって兵士が死の恐怖を克服して戦場で以前よりも頑張れるようになることを肯定的に捉える者もいないわけではなかったようである[39]。心霊的なものに関心を抱く人々の考えや振る舞いも実際にはさまざまだったようで、霊媒現象を生来の霊能力の噴出としてのみ興味を抱く人もいれば、それを科学的に解明することに関心を持つ人もおり、また宗教的探求として死後生の確証を求めるためにそれに夢中になる人もいた。戦時中の心霊術関係者を一括りに論じることは難しいようである。

興味深いのは、心霊術のグループに属している人々のなかには、サイキック・パワーでもって直接的に戦闘を支援しようと考えた者たちもいたことである。デイヴィスは次のような例を紹介している。A・P・シネットという人物は、戦争とは善と悪との宇宙的闘争が地上で表出したものであり、第一次大戦においてはドイツが低次アストラル界の元素的有機体を現世に呼び出して連合軍兵士のあいだに疫病を撒き散らしていると考えた。そこでシネットは、ロンドン市民が毎日一〇分間、元素有機体を追い払う様子を瞑想することでドイツ軍に対抗することができると考え、そうした思念力の総合値は戦場の数個師団に相当するなどと主張したという。[40]

また、別のある女性は、すべての非戦闘員は強く「勝利を意志する」ことによって軍隊を心霊的に援助できるとし、新聞を通して協力を呼びかけるなどしている。[41] 開戦から二年目には、イタリア人建築家のヴィットリオ・ガリという人物も『テレパシー戦争』というパンフレットを作って心霊的団結によるドイツの打倒を呼びかけている。そうした動きに賛意を示す人もいた一方で、心霊的攻撃よりも、むしろ心霊的和平を目指すべきだと考える人々も少なくなかった。戦争が始まってすぐ、一九一四年の八月には、ロンドンに有名な心霊研究者たちが集まり、集合的思念集中（collective mental concentration）を運用するルールを制定することなどについて検討がなされたこともあった。[42]

兵士が身につけていたお守り

第一次大戦では、幸運をもたらすとされるお守り・マスコット等が多く販売され、兵士たちに広く行き渡るという現象が見られた。その種類は実にさまざまで、デイヴィスはそれらについても多くの例を収集して紹介している。

例えば、翡翠《ひすい》の豚のチャームや、竜を退治する聖ミカエルの指輪などが定番で、他にはプラチナの蹄鉄《ていてつ》なども人気だった。蹄鉄は古くから魔女を遠ざける力があるとされており、二〇世紀に入っても、それは幸せをもたらして無事に故郷へ帰らせてくれる力があると信じられていた。そのため、蹄鉄をデザインに取り入れたバッジやペンダントトップ、あるいはそれを描いた絵葉書や護符など、非常に多くのものが作られた。

イタリアの兵士たちのあいだでは、赤珊瑚《さんご》のペンダントやファティマの手などが人気で、ムッソリーニは一九一五年一一月の日記に蹄鉄の釘から作った指輪を小指にはめていると記している。[43] 他のイタリア人兵士たちは、一九世紀半ばのオーストリアからの独立戦争を生き延びた兵士の棺に使われていた釘からつくった指輪を求めたという話もある。さらに、イエスの誕生を祝うためにやってきた東方の三博士、カスパール、メルキオール、バルタザールの名をそれぞれ別の紙に書いてそれらを別々のポケットに入れて身に着けておく、というお守りもあった。それと似たものとして、庭のえんどう豆を三粒、それぞれを別々のポケットに入れておく、というのもあったと伝えられている。

お守り類として少し変わったものとしては、ウサギの足があった。これはもともとアフリカ系アメリカ人の民間呪術で、夜に殺したウサギの左後ろ足が貴重だとされ、それは二〇世紀初頭にアメリカ全土に広まった。当時、ウサギ肉は軍の駐屯地や野営地にも出荷されていたので、その足を手に入れるのはわりと簡単だったようである。動物あるいはその内臓で占いをしたり、動物の体の一部をお守りとして身に着けたりすることについては、マルタン・モネスティエも

『動物兵士全書』のなかで紹介している。[44]

他に変わったものとしては、卵膜がある。頭や顔を羊膜で覆われた状態で生まれた赤ん坊は、将来よい船乗りになり、決して溺死することはない、という古い言い伝えがあった。そこから、卵膜を所持する者は海難事故に遭っても助かると言われるようになり、乾燥保存された卵膜は船乗りの間でけっこうな値段で取引されるようになっていた。そうした広告の例は一八世紀末にまでさかのぼる。第一次大戦が始まると再びその需要が高まって、卵膜の値段が高騰し、さまざまな新聞に広告が載った。デイヴィスによれば、一九一八年の『アイリッシュ・インディペンデント』紙に掲載された卵膜の広告では「絶対間違いのないUボート除け」というキャッチコピーが使われていた。[45]

各国で共通して見られたお守りは、植物の葉や小枝である。イタリアでは昔からヘンルーダの葉が衣類の防虫剤や魔除けとして知られていたが、それは戦時中は兵士たちによって弾丸よけとして用いられた。ドイツの兵士たちはシダの葉をお守りとして持ち歩き、英国の兵士たちのあいだではホワイトヘザーの小枝が幸運のお守りとされた。フランスではスズランが家族や友人へ渡す幸運の花とされていたので、戦時中の絵葉書にはその花が描かれることが多かった。アイルランド人はやはりシャムロックもしくは四つ葉のクローバーを珍重した。戦時中にセルカークで開かれた赤十字祭では、一三歳以下の少女たちによる四つ葉のクローバー採集大会が行われたという記録もある。[46]

兵士たちが身に付けていたお守りは必ずしも古くからの伝承に基づくものばかりではなかった。すべすべとした黒い小石とか、どこかの国に駐屯していた時に地元の少女からもらったボタンとか、ささやかな物品を個人のラッキーアイテムとして大切にする者もいた。また、負傷兵の身体から摘出された弾丸や砲弾の破片は、その負傷兵が助かった場合に限るが、幸運のお守りとして珍重されたようである。それも各国に共通して見られた傾向で、そうした弾丸や砲弾の破片はペンダントに加工されたりして死を免れた記念品とされ、また護身のお守りとして、あるいは神の摂理の象徴として大切にされた。

「お守り」になった物品は実にさまざまだったが、デイヴィスはそのことについて、何かが「幸運のお守り」になるプロセスの本質は「贈る」という行為にあると指摘している。彼によれば、アイテムそれ自体が何であるかはさほど問題ではなく、「贈る側と贈られる側のあいだに生まれる親密性、そして贈るときの気持ちに伴う別れの言葉あるいは語られない言葉が鍵となり、力の扉を開く」のだという。[47]

近現代の日本では「千人針」が多く作られて、兵士たちのお守りとされたこともよく知られている。それは白い布に女性が一針ずつ赤い糸を縫い、千個の縫玉をつくって安泰と武運長久を祈願したお守りである。「虎は千里行って千里帰る」と言われていることから、寅年生まれの女性は一針ではなく年齢の数だけ縫うことができたため、該当する人は珍重されたようである。千人針は日清戦争のときからあらわれて、太平洋戦争末期まで見られた。ろくに風呂にも入れない兵士たちにとって、千人針はシラミの巣になってしまうことも多かったようだが、それでも彼らはそれを手放すことはできなかった。

千人針と似たものとして、白い布に男性が「力」という小さな文字を千個書き込んだものも作られた。それは文字通りの「千人力」を託したお守りである。後には、簡単にそれを書き込めるように「力」のゴム印まで作られている。こうした千人針などには、五銭硬貨や十銭硬貨が縫い込まれることもよくあった。「五銭」には「死線（四銭）を越える」という意味が込められ、「十銭」には「苦戦（九銭）を免れる」という意味が込められたからである。

弾丸を食い止める聖書

第一次大戦中のヨーロッパでは、大量の聖書が戦場に送られたということも特筆すべきことの一つである。

デイヴィスによれば、開戦して三年目までに英国軍の将兵に配布された聖書・祈禱書・その他の宗教関連書籍の合計は、約四〇〇〇万冊と推定されるという。一九一七年のカナダ聖書協会の報告によれば、同会はヨーロッパへ向かうカナダ兵たちに三〇万冊ものポケット版新約聖書を配布しており、アイルランド聖書協会は複数の言語で二〇万冊を配布した。アメリカが参戦したのは一九一七年になってからだが、一九一八年の初頭までにアメリカから送り出された聖書は一二〇万冊にものぼり、戦争の全期間をとおしてアメリカ聖書協会とアメリカ YMCAは陸軍と海軍の兵士に合計で四五五万八八七一冊のポケット版聖書を配布したという。[48] 他にも、フランス、ドイツ、ベルギー、イタリア、オーストリア＝ハンガリー帝国、ロシアなども同様に聖書を大量生産して兵士たちに配布した。

ポケットサイズの聖書が普及すると、兵士たちにとってそれは家族からの手紙や写真などをはさんで保管するフォルダとしても用いられた。聖書を読むことに無関心な兵士も少なくなかったが、そんな彼らも無料配布されると喜んで受け取っていたようである。というのも、小型聖書の薄くて丈夫な紙は、煙草を巻く紙としてちょうどいいと重宝されたからである。その使われ方はともかく、わずかな期間にこれだけ膨大な量の聖書が印刷・製本され配布されたという例は、キリスト教史上、初めてのことだったであろう。

多くの兵士たちにとって、聖書は熟読するものというよりも、それ自体が「お守り」のようなものでもあった。第一次大戦時からよく紹介されるようになったものの一つに、敵の銃弾や砲弾の破片が食い込んだ聖書がある。それらは文字通りその持ち主の命を救った聖書として、個人蔵あるいは博物館収蔵品として今も多く残されている。それらには一つひとつに、さまざまなエピソードがあるようだ。当時一九歳だったアメリカの兵士、ウィリアム・R・ウィルソンは、ドイツの狙撃兵に胸を撃たれたが、その銃弾はポケットに入れていた聖書とそれにはさんでいた塹壕用手鏡で食い止められた。ウィルソンは聖書で救われた最初のアメリカ人として新聞などでちょっとした有名人になったようである。ただし、聖書が弾丸を食い止めて命が救われたというストーリーはそれ以前からもあった。デイヴィスによると、同様の例は一七世紀半ばのイングランド内戦時でも報告されており、アメリカの南北戦争でもそうした話があったという。

　実はそれよりも前、日本国内でも、キリスト教の「お守り」が弾丸を食い止めて兵士の命を救ったという逸話がある。ルイス・フロイスが一五八五年に書いた書簡によると、大友宗麟の婿にあたる林ゴンサロ（宗頓）の家来が戦場で敵の鉄砲に撃たれて倒れた。だが、その弾丸は着衣は貫通したものの、その人物が革の袋に入れて携行していた聖遺物入れに命中し、そのなかに入れられていた物が防弾チョッキの役目を果たして彼は命をとりとめたというのである。[49]

　聖書が実際に銃弾を食い止めたというエピソードは多くの人に好まれ、それによって本当に聖書の神秘的な力を信じるようになった兵士もいた。牧師も礼拝のなかの説教で、そうした話を紹介することがあった。しかし、聖職者たちのなかには、そんなのはすべて単なる偶然ないしは迷信であり、聖書を救命道具のように考えるのは正しい信仰の姿勢ではないとして批判する者も少なくなかったようである。

第二次大戦時もポケット版聖書はあいかわらずの人気で、アメリカでは鋼鉄製のカバーがついた文字通りの防弾聖書も発売された。しかし、実験したところ、その鋼鉄製カバーは薄すぎてライフル弾どころか拳銃弾にも効果がなく、むしろそのカバーを貫通した銃弾が変形したうえで体内に入るのでかえって重症化するとして、製造元は訴訟を起こされたなどという例もあったようだ。[50]

お守りに批判的だった聖職者たち

第一次大戦時は宗教的な「手紙」も流行していた。ドイツでは「ヒンメルスブリーフ」（天国からの手紙）、英国では「セイヴィヤーズレター」（救い主からの手紙）などと呼ばれた。それは一枚の紙に天使やイエスのイラストとともに長々とした文章が印刷されたもので、つまりは護符のようなものである。北ヨーロッパから西ヨーロッパにかけてかなり古くからあるもののようで、聖書の一節やイエスによってなされた奇跡などについて書かれたものが多かったようである。それらは、安産祈願として寝台の上の天井に貼られたり、折りたたんでお守りとして持ち歩かれたり、厄除けのようなものとして用いられていた。それが戦争中は兵士のお守りとなったのである。こうした伝統はドイツで最も根強く、ドイツ系アメリカ人兵士たちのあいだでも広まっていた。そうしたドイツの「ヒンメルスブリーフ」は、「シュッツブリーフ」（防護の手紙）という大きな伝統のなかの一面でもあるという。[51] こうした「手紙」には聖書の一節や祈りの言葉などに加え、これがあれば敵の剣からも銃からも守られる、といったことが書かれていた。第一次大戦以前、普墺《ふおう》戦争や普仏戦争でも、多くの兵士たちがそれらを持っていたと言われている。

ただし、こうしたものについて、キリスト教的なものだからといってすべての人々が肯定的だったわけではないようである。第一次大戦時、兵士たちがこうしたものに夢中になりすぎるために、ドイツのある将軍は自分の部下たちに対してヒンメルスブリーフの所持を禁じたという記録も残っている。それは、兵士たちを相手に荒稼ぎをする業者が許せなかったためとも言われている。「弾除け」になるとうたうお守りや御札の類を批判していたのは、迷信嫌いの合理主義者だけではなかった。聖書やメダイが弾除けのための呪術用品とされてしまったり、ただの印刷物一枚で命が守られたりするということになってしまうと、つまりは信仰が歪《ゆが》められることになるので、神学者や牧師・司祭のなかにもそうした物品に批判的な者は多くいたのである。

カトリック教会は、これまでメダイや御絵《ごえ》などのグッズを販売していたし、今でも販売しているので、カトリック以外のそうした物品を許容することはできないというのはよくわかる。

だが、それらカトリックの物品が過度に注目を集めることは、司祭たちもあまり好ましいこととは捉えなかったようである。イタリアの心理学者にして従軍チャプレンでもあったアゴスチノ・ジュメリは、一方では学術的関心から前線にいる兵士たちの迷信に目を向けたが、最終的にはそれらは妄信の類に他ならないとし、「真の信仰」によって対抗すべき代物だとみなした。英国教会の牧師たちも、戦争という緊張と興奮と不安のさなかにあってはさまざまなお守り類が広まるのも多少は仕方がないとしつつも、それらはやはり好ましくはないものだとして批判し、なかにはそれらを魔女術（witchcraft）だと断罪する牧師もいた。庶民のなかでもプロテスタントの人々のなかには、人はあくまでも謙虚に父なる神に祈るべきだと主張し、さまざまなチャームをお守りとして身につける風潮を批判して、愚かな「偶像崇拝」が陸軍からも海軍からも一掃されることを望むと公言する者もいた。

　二〇世紀の著名なプロテスタント神学者に、パウル・ティリッヒという人物がいる。彼は第一次大戦に陸軍付きの牧師として参加して、戦火のなかで将兵たちと生活をともにしていた。ところが、同じ連隊にいた将軍が、「祈り」の力でもって文字通り兵士たちが砲火から守られると信じていたのに対し、ティリッヒはそうした考えを否定してしまったので、よりにもよって牧師がそんなことを言うとはけしからんとその将軍の怒りを買い、別の部隊に転属させられてしまったのであった。[52] プロの宗教家の方が意外と現実的で、そうでない一般の信徒の方が一見信仰深いように振る舞ったりする、というのも宗教という営みの興味深いところである。エラスムスも『痴愚神礼讃』で、聖バルバラの彫像に祈れば戦争から無事に帰れるなどと信じる人々のことを嘲弄《ちょうろう》的に書いている。[53]

だが実際問題としては、お守りやチャームの類は兵士たちの士気と深く関わっており、安易に禁止することはできなかった。そこで、結果的には、それらを推奨することはしないけれども禁止することもせず、各人の判断にまかせるという穏健な形をとるしかなかったようである。すなわち、彫刻された像を崇拝するということ（偶像崇拝）と、兵士たちがお守り類を持っていることは決して同一レベルのものではないとみなし、それらは「迷信」であって真の信仰的立場からすれば愚かであるけれども、それらを身に着けることでもって人間的本質のよりよい部分があらわれる場合もあるので、そうした点を鑑《かんが》みるならば許容してもいいのではないか、といったソフトな捉え方である。

また、当時の宗教に関してもう一つ興味深いのは、聖職者たちは国民に宗教的なメッセージを伝えるにあたり、軍部の権威を毀損《きそん》しないよう慎重に言葉を選んでいたという点である。デイヴィスは次のような例をあげている。一九一七年にフランスのカトリックの神学者テオドール・デルモンは、士気高揚を目的とした説教散文集『二〇世紀の十字軍によせて』を出版した。そのなかで彼は、「神と聖母の目に見える守護」のみではフランス軍を救うことはできず、宗教的な奇跡はあくまでも軍の英雄的精神と武勇が発揮される下準備をすることにある、という主旨のことを述べている。[54] 他のカトリック司祭も著書のなかで、神がフランス軍歩兵たちの武勇に感動したからこそ聖母が出現されたのだとして、いわば「天は自ら助くる者を助く」といった意味のことを述べているようである。司祭たちは、奇跡や幻の話を肯定しつつも、それだけで勝利が得られるとするのではなく、あくまでも軍隊の力が重要であることを認め、将兵たちを尊重するように気を遣っていたのだ。

生き残るための技術としての呪術

第一次大戦の主な戦場はヨーロッパだったが、この戦争はその名の通り世界規模の戦争であり、実際には非キリスト教徒の将兵も数百万人にのぼった。

具体的には、ユダヤ人はドイツ陸軍に一〇万人、ロシア軍に五〇万人、イタリア軍や英国軍やフランス軍やベルギー軍やカナダ軍やアメリカ軍にも、それぞれ数千人から数万人がいた。オスマン帝国軍は二〇〇万人のイスラム教徒であったし、インド軍は一〇〇万人を超えるヒンドゥー教徒、シク教徒、イスラム教徒から成っていた。フランス軍もアフリカの植民地から四五万人を動員しており、その多くはイスラム教徒で、アフリカ固有の宗教の信者もいた。さらに、西部戦線には何万人もの中国人労働者もいたようだ。キリスト教徒のあいだでも多様なお守りや呪術的行為がなされていたように、ユダヤ教徒、イスラム教徒、アフリカの宗教の信者たちのあいだでも、さまざまなお守りや護符の類があったようである。[55]十分な記録や資料はないが、実際には、第一次大戦の戦場は諸宗教の博覧会場でもあったのだ。

戦争体験にはそれぞれの宗教において敬虔《けいけん》な信心をはぐくむという側面もあったが、同時に、兵士たちをシンクレティックな信仰形態に導いたり、あるいは護身のお守りなどに関しては寄せ集め的な態度に向かわせたりする傾向もあったようである。例えば、カトリックの兵士の中には、ベルトにさまざまなカトリックのメダイと共に、民間呪術のお守りをいくつもぶら下げていたりする者もいた。プロテスタントの兵士がポケット版聖書とともに個人的なラッキーアイテムをお守りとして携帯していたり、ユダヤ人の兵士がユダヤ教のお守りのみならずカトリックのメダイも身に着けていたりするなどの例も珍しいものではなかったようだ。デイヴィスはこうしたことを念頭に、戦時中にみられたさまざまなお守り、護符、呪術、迷信など、広い意味での信仰的行為は、兵士たちにとっては「能動的なサバイバル技術」であり、「生と死を賭けたゲームで丸損を防ぐための活動」だったのだとも述べている。[56]

人類学者のブロニスラフ・マリノフスキーは「呪術」を「特定の目的に対する手段以外の何物でもない行為からなる実用的な技術」であるとし、それに対して「宗教」を「それ自体が目的の充足であるような自己完結的な行為の集まり」であるとして区別した。[57]戦争中の兵士たちが身につけていたさまざまなお守りは、具体的な生存・弾除けの効果を期待されたものであるから、マリノフスキーの区別に従えば「呪術」の範疇に入れられる。ただし、伝統的宗教に由来する物や行為もしばしば呪術的に用いられることがあり、牧師や司祭が批判的だったのは、そうした物や行為だった。

なお、「呪術」の概念には、自分たちに益をもたらそうとするホワイトマジックと、他者に害を与えようとするブラックマジックという類型がある。デイヴィスが収集した事例は、敵の殺戮《さつりく》に効果を発揮するようなタイプの呪術よりは、兵士たちが自分たちの身を守るためのものの方が多かったように思われる。それが第一次大戦における呪術的行為の実態だったのか、それともデイヴィスがそのようにサンプルを意図的に選別したのかはわからない。だが、もし前者であるとすると、現場の兵士たちが真に願っていたのは、祖国の勝利などではなく、とにかく今日と明日を生き延びて、無事に故郷に帰るということだけだった、というのが戦争の現実だったのだとも言えるかもしれない。

戦時の呪術としては、ジェイムズ・G・フレイザーによる文化人類学の古典『金枝篇《きんしへん》』でも、すでにいくつかの例が紹介されている。フレイザーによる「類感呪術」（あるいは「模倣呪術」）と「感染呪術」という類型は有名だが、二〇世紀の戦争で観察されたさまざまな呪術の事例のいくつかも、それらに沿って分類・分析することができるだろう。

お守りが大量生産されて商品化された最初の戦争

しばしば、塹壕に無神論者は一人もいない、と言われる。銃弾が顔をかすめ、至近距離で砲弾が炸裂する戦場では、生きるか死ぬかは自分の能力や努力を超えた問題だから、もう神に祈るしかないというわけである。そうした状況は容易に想像することができる。だからこそ、多くの兵士はお守りの類を身に付けていたのである。

しかし、その一方で、これとは逆の証言をする者もいないわけではない。例えば、第一次大戦で過酷な塹壕戦を経験したイギリス人で、後に作家・詩人となったロバート・グレーヴズである。彼は『さらば古きものよ』のなかで、「どんな素朴な意味にせよ、宗教感情を抱く兵士は百人に一人もいなかった。国内の訓練期間中に宗教心を失わなかったとしても、塹壕生活でそれを維持しつづけることはむずかしかっただろう」[58]と述べている。戦争の恐怖と苦痛はほとんどの兵士たちをそれまでよりも信心深くするのかと思いきや、必ずしもそう単純な話ではないようだ。

ここでグレーヴズが「宗教感情」や「宗教心」という言葉で念頭においているのはキリスト教などの伝統的宗教における信仰のことであり、お守りやおまじないの類のことは念頭に置かれていないのかもしれない。そのあたりのことは彼の文章ではやや不明瞭である。だが、死が偶然的としかいいようのない形で目の前に立ち現れる戦場では、お堅い伝統的宗教は相手にされなくなってしまうというのも、そう言われてみればそうかもしれないとも思えてくる。兵士たちが求めているのは、実際に生き残れることについての確証なのであって、深遠な思想やお言葉ではないからである。

第二次大戦時にヨーロッパで戦い、後に文学の研究者となったポール・ファッセルによれば、女性が身につけていたブラジャーやショーツやストッキングなど、セックスを連想させるものも、爆撃機搭乗員たちの「お守り」「幸運のしるし」として人気だったようである。[59]また彼は、「軍隊用語は「ケツ」(ass)なしには成立しないといってもいいほど」[60]だと述べ、丁寧にその用例を数多く紹介している。恐怖と不安と苦痛のなかで、兵士たちの癒しとなったのは、はっきり言って、堅苦しい神の話ではなく、むしろ下品な言葉遣いや卑猥《ひわい》な雑談の方だったというのもよくわかる気がする。「神」や「信仰」について語り合うよりも、「ケツ」や「クソ」や男性器・女性器の言葉を口にして笑っていた方が正気を保てるというのが平均的な男性というものであり、良いか悪いかは別にして、それが兵士たちの現実なのかもしれない。

伝統的宗教は、実際には、ある程度落ち着いた状況でしか営めないものであるように思われる。冷然と大量殺戮がおこなわれている地獄の現場では、ほとんどの人は、宗教的なことを考える余裕などなくなる。少なくとも、精緻な教義や学問的神学は意味を持たない。戦場における伝統的宗教の無力さそれ自体もまた、戦争と宗教に関する現実の一面であるだろう。

　最後に、デイヴィスの指摘で興味深いのは、第一次大戦時においてはお守り類の商品化が一気に進んだ、というものである。[61]戦時中は、聖書、護符、あるいはチャームなど、キリスト教やその他の伝統による多くのお守り類が工場で大量生産されたのに加え、新たな人形のキャラクターが幸運のマスコットと称されて大量に販売されたりもした。ある人物は、独自のお守りのキャラクター人形を作って、巧みな販売戦略を駆使してそれを一二五万個も売り、前線の兵士たちからは感謝の手紙を山ほどもらったと主張した。[62]第一次大戦は、銃弾や砲弾のみならず、さまざまなお守りをはじめとする宗教関連グッズも工場で大量生産されて兵士たちに届けられた最初の戦争でもあったのである。

1　ロバート・アードレイ『アフリカ創世記――殺戮と闘争の人類史』徳田喜三郎、森本佳樹、伊沢紘生訳、筑摩書房、一九七三年、三一四頁。
2　エラスムス『平和の訴え』箕輪三郎訳、岩波文庫、一九六一年、九〇頁。
3　マイケル・ハワード『改訂版　ヨーロッパ史における戦争』奥村房夫、奥村大作訳、中公文庫、二〇一〇年、三五頁、および、ウィリアム・H・マクニール『戦争の世界史——技術と軍隊と社会』上巻、高橋均訳、中公文庫、二〇一四年、一七六頁、などを参照。

4 ベルトラン・ジル『ルネサンスの工学者たち——レオナルド・ダ・ヴィンチの方法試論』山田慶兒訳、以文社、二〇〇五年、一三九頁、などを参照。

5 石川明人『すべてが武器になる——文化としての〈戦争〉と〈軍事〉』創元社、二〇二一年、一二八〜一三二頁。白幡俊輔『軍事技術者のイタリア・ルネサンス——築城・大砲・理想都市』思文閣出版、二〇一二年、三九頁、などを参照。

6 ジョン・エリス『機関銃の社会史』越智道雄訳、平凡社ライブラリー、二〇〇八年、二二一〜二四頁。

7 信憑性については異論もあるようだが、織田信長に寵愛《ちょうあい》された森蘭丸のものとされている兜の前立も「南無阿弥陀仏」という縦書きの六文字をそのままデザインしたユニークなものとなっている。

8 艦内神社については、久野潤『帝国海軍と艦内神社』（祥伝社、二〇一四年）が詳しい。その二一八〜二二九頁に、「地名由来の艦名をもつ軍艦と、その艦内で神札が祀られたゆかりの神社」の一覧表がある。

9 斎藤利生『武器史概説』学献社、一九八七年、七頁。「武器」「兵器」などの言葉については、石川明人、前掲書の三四〜三八頁を参照。

10 大原康男『帝国陸海軍の光と影——一つの日本文化論として』展転社、二〇〇五年、一一一〜一一六頁。

11　鈴木健一「旧日本陸軍における軍旗の性格について」（歴史人類学会『史境』四八、二〇〇四年）一一七〜一一八頁。
12　鈴木健一は、軍旗の連隊名は天皇の宸筆で、連隊名の縫い付けとステッチは皇后が手ずから針をとったことを事実としているが、大原康男は前掲書（一二一頁）で、それらは「伝説」であるとしている。
13　夙夜堂編『近衛歩兵第一聯隊歴史』玄文社、一九一四年、五八頁。
14　大原康男、前掲書、一二四頁。
15　『近衛歩兵第一聯隊歴史』五九〜六〇頁。
16　「歩兵操典」（關太常編『歩兵全書』川流堂、一九四〇年）二一〇頁。
17　鈴木健一、前掲論文、一二一〜一二四頁。
18　同論文、一二四頁。
19　同論文、一二五頁。
20　時代ごとに異なる「一揆」の意味やその言葉の用法については、呉座勇一『一揆の原理』（ちくま学芸文庫、二〇一五年）などを参照。
21　山室恭子『群雄創世紀――信玄・氏綱・元就・家康』朝日新聞社、一九九五年、一五〜一九頁。
22　小和田哲男『呪術と占星の戦国史』新潮選書、一九九八年、一〇頁。
23　神田千里『戦国と宗教』岩波新書、二〇一六年、一七頁。
24　小和田哲男、前掲書、二六頁。
25　同書、五七頁。

26 同書、七六頁。
27 同書、八〇頁。
28 ジョアン・ロドリーゲス『日本教会史』下巻（大航海時代叢書X）江馬務、池上岑夫、伊東俊太郎、佐野泰彦、長南実、土井忠生、浜口乃二雄、藪内清訳、岩波書店、一九七〇年、二一一頁。
29 同書、二一一～二一九頁。
30 小和田哲男、前掲書、一〇〇頁。
31 『新訂 孫子』金谷治訳、岩波文庫、二〇〇〇年、一七五頁。
32 浅野裕一『孫子』講談社学術文庫、一九九七年、二三二頁。
33 同書、二三四頁。
34 カウティリヤ『実利論』下巻、上村勝彦訳、岩波文庫、一九八四年、二二四～二二六頁。
35 同書、二七五～二七九頁。
36 小松真一『虜人日記』ちくま学芸文庫、二〇〇四年、二五〇頁。小松自身は、将兵らがコックリさんに夢中になっていることを指して「信念と常識を失った者の哀れさ」と評している。
37 オーウェン・デイヴィス『スーパーナチュラル・ウォー――第一次世界大戦と驚異のオカルト・魔術・民間信仰』江口之隆訳、ヒカルランド、二〇二〇年、八五～九二頁。
38 同書、一一七頁。
39 *Light*, 11 May 1918, p. 147. コナン・ドイルは大戦で次々と家族を亡くしている。まず義弟がモンスで戦死、次いで弟も戦死し、さらには最愛の息子がソンムで負傷して病床に伏し、その後肺炎で亡くなってしまった。ドイルが「スピリチュアリズムの軍事的価値」を書いた『ライト』は一八八一年創刊のオカルト雑誌で、ドイルは一八八七年から一九三〇年のあいだに、二一の論説と七六の書簡などを寄せている。詳しくは、ウェブサイト"Arthur Conan Doyle Encyclopedia"を参照。

40 オーウェン・デイヴィス、前掲書、一二九頁。
41 同書、一二九頁。
42 同書、一三一頁。
43 同書、二〇二頁。
44 マルタン・モネスティエ『動物兵士全書』吉田春美、花輪照子訳、原書房、一九九八年、一九〜二二頁。
45 オーウェン・デイヴィス、前掲書、二一〇頁。
46 同書、二一三頁。
47 同書、二〇七頁。
48 同書、二五一頁。
49 『十六・七世紀イエズス会日本報告集』第Ⅲ期第七巻、松田毅一監訳、同朋舎出版、一九九四年、七六〜七七頁。
50 オーウェン・デイヴィス、前掲書、三一九頁。
51 同書、二六二頁。
52 ヴィルヘルム&マリオン・パウク『パウル・ティリッヒ　1　生涯』田丸徳善訳、ヨルダン社、一九七九年、七〇～七一頁。
53 エラスムス『痴愚神礼讃』沓掛良彦訳、中公文庫、二〇一四年、一〇三～一〇四頁。
54 オーウェン・デイヴィス、前掲書、九五頁。
55 同書、三〇〇～三〇一頁。
56 同書、三〇四頁。
57 ブロニスラフ・マリノフスキー『呪術・科学・宗教・神話』宮武公夫、高橋巌根訳、人文書院、一九九七年、一一七頁。
58 ロバート・グレーヴズ『さらば古きものよ』下巻、工藤政司訳、岩波文庫、一九九九年、二二一頁。
59 ポール・ファッセル『誰にも書けなかった戦争の現実』宮崎尊訳、草思社、一九九七年、七六頁。
60 同書、一三七頁。
61 オーウェン・デイヴィス、前掲書、三二四頁。
62 同書、二三〇頁。

第二章　戦場で活動する宗教家たち

1　従軍チャプレンの諸相

クロムウェルの鉄騎隊

日本を代表するキリスト教徒の一人、内村鑑三の残した本の一つに、『後世への最大遺物』がある。それは、人間はどのように生きるべきかを熱く語った名講演として、今でも多くの人々に読まれている。内村はそのなかで、自分が最も敬愛する人物として、繰り返しある一人の名をあげた。それは、オリバー・クロムウェルである。内村の影響を受けたキリスト教徒で後に東京大学総長にもなった矢内原《やないはら》忠雄も、『続 余の尊敬する人物』のなかで、同じくクロムウェルを取り上げ詳しく紹介している。[1]

クロムウェルは、イギリス史やキリスト教史の教科書では必ず名前が出てくる人物で、一般には一七世紀のイングランド内戦（ピューリタン革命）の指導者として知られている。彼はまず何より、毎日聖書を熟読する篤《あつ》い信仰者であった。だが、同時に彼は、「鉄騎隊」（Ironsides）

と呼ばれる精強な軍隊を組織した軍事指導者としても卓越した能力を示したのである。鉄騎隊は、後の「新型軍」（New Model Army）の原型となって王党派との内戦を勝利に導き、イギリスにおける常備軍の元となった。彼の名前が政治史や宗教史の本のみならず、軍事史の本でも出てくることがあるのはそのためである。

制服の外観を統一することを意図したのは、クロムウェルの軍隊が最初の例だったとも言われている。[2]また、第二次大戦時は、ロールス・ロイス社製エンジンを搭載した新型戦車に「クロムウェル」という名前が付けられたりもしている。「間接アプローチ戦略」で知られるイギリスの著名な戦略思想家、B・H・リデルハートも、その主著『戦略論』でクロムウェルについて多くのページを割いて彼の戦略を分析した。[3]ここではその詳細については触れないが、注目したいのは、クロムウェルが兵士たちに求めたのは、何よりも強靭な信仰だったという点である。彼の軍隊は、宗教的な色彩が極めて強かったのだ。

クロムウェルが自分の軍隊でもっとも重視したのは「精神」である。それは、具体的には、人選にあたって信仰の篤い者を選ぶように特別な注意を払ったということであった。しっかりとした信仰をもった者であれば、規律を正しく守り、戦う目的を十分に理解し、つまりは勇敢な兵士になる傾向が強かったからである。当時の軍隊では、兵士たちが言うことを聞かなかったり上官に反抗したりすることが珍しくなかったが、クロムウェルはそうしたことはもちろん禁止し、略奪や逃亡にも極めて厳格に対処した。さらに彼は、兵士たちに飲酒や賭事も禁じたが、それは当時の他の軍隊では考えられないことであった。厳しい規律によって統制されたそれは、まさに「聖者の軍隊」だったのである。

前章で、第一次大戦時の兵士たちに大量の聖書が配布されたという話をしたが、それより三〇〇年以上も前、このクロムウェルの兵士たちもすでに『兵士のための携帯聖書』をポケットに入れて戦場に向かっていた。また『兵士のための問答』というパンフレットも作られて、そこには、自分が戦うのはわが国の法律と自由のためであり、議会を守り抜くためであり、真のプロテスタントの信仰を守り抜くためであり……、といったことが書かれており、つまりは戦いの大義が説かれていたのである。兵士が自分たちを、神が聖なる業をなすために選んだ「道具」「器」であると確信していたことは、そのまま彼らの不撓《ふとう》不屈のエネルギーとなり、旺盛な士気が保たれることになったのである[4]。

イングランド内戦と同じ頃、大陸の方では三十年戦争があった。それはドイツを中心におこなわれたもので、しばしば「最後にして最大の宗教戦争」とも呼ばれる。その戦争の主要人物の一人に、スウェーデン王のグスタフ・アドルフがいる。スタンダードなキリスト教史の本、例えばフスト・ゴンサレスの『キリスト教史』においては、グスタフは堅実なルター派のプロテスタントだったことが強調され、彼の兵士たちは進軍した地域でも規律を守り、現地の人々に親切で、占領地域のカトリック教徒に改宗を強要するようなことはなかった等と解説されている。[5] また、戦争や戦略の歴史について書かれた本、例えばピーター・パレット編著の『現代戦略思想の系譜――マキャヴェリから核時代まで』のなかでも、グスタフが一六二一年に新しく導入した軍法には、道徳的な事柄に加え、従軍チャプレンや毎日の祈りに関する事柄も含まれていたことが指摘されている。[6] だが、やはり彼は、より具体的な軍隊の管理、そして何よりも戦術や戦略の面でこそ際立った成果を残したがゆえに「三十年戦争の傑出した指揮官」であるとみなされるようになったのである。彼によってなされた軍事におけるさまざまな改革は、後の人々によって広く模倣された。戦術・戦略面での有能さゆえに、グスタフは「軍隊に自己の意志と決意を押しつけることができる偉大な将軍」だとみなされ、ナポレオンにも一目置かれる近代的な軍事指導者のさきがけとなったのである。[7]

宗教的な武装集団

キリスト教世界での武力闘争は、これらの他にもいくらでもある。なかでも最も有名なのは、一一世紀末からの約二〇〇年間に何度も繰り返されたパレスチナ地方への軍事遠征、すなわち「十字軍」であろう。

ジャン・リシャールの『十字軍の精神』によれば、十字軍というのは「当時のキリスト教世界の要求に応えるため、ローマ教皇庁の意図によって生み出され、いくつかの世界公会議によって推薦された制度」[8]であった。十字軍に参加した者には「贖宥《しょくゆう》」（罪の贖《あがな》いの免除）が約束されていたので、慢性的な生活不安のなかで生きていた人々にとってそれは魅力的な「巡礼」でもあった。この「十字軍」と総称される集団、ないしは出来事を正しく理解するには、当時の政治的、経済的、文化的な背景を幅広く見ていく必要がある。宗教的な情熱からこれに加わった者が多かったが、しかし中には戦利品目当ての者や、貿易の利権を得ることが目的だった者などもおり、こうした軍事遠征に参加するには明らかに不適格な貧者や無法者も少なくなかった。だが、基本的にはこれが当時のキリスト教と密接なものであったことは否定しようがない。テンプル騎士団、ヨハネ騎士団、ドイツ騎士団など、いわゆる騎士修道会が創設されたのもこの時代である。

宗教改革の以前も以後も、キリスト教徒はさまざまな戦争に関わってきた。戦いを黙認し、あるいは推奨し、義務付けることも珍しくなかった。アウグスティヌス、トマス・アクィナス、そして宗教改革の立役者であるルターも、カルヴァンも、さらに二〇世紀のラインホルド・ニーバーなど、これまで主流派の神学者たちのほとんどは絶対平和主義者ではなく、正戦論者であったと言ってよい。彼らは皆、決して戦争を称賛するわけではないが、やむをえない範囲内の武力行使は認める立場をとってきたのであり、決して非暴力主義者ではなかった。キリスト教徒のなかには、純粋な非暴力主義や絶対平和主義の立場にたって武器を捨てようと叫ぶグループも、あるにはある。しかし、そうした彼らが「主流」となって社会に影響力を発揮して、実際に非暴力主義・絶対平和主義の非武装国家を実現した例は一度もない。

現在のキリスト教界では、クロムウェルの鉄騎隊のように信仰に基づいた武装組織はないのかというと、基本的にはないと言っていいが、完全にないわけでもない。前の章でも触れたが、バチカンを警備するスイス衛兵は、入隊条件の一つにカトリック信徒であることが含まれ、その任務もローマ教皇やカトリック関連施設の警備が中心のものだからである。制服は華やかで観光客にも人気だが、その装備品には銃も含まれており、彼らの紹介動画には射撃訓練の様子なども収められている。広い意味では、彼らも宗教的武装組織ということにはなるだろう。

宗教を信仰する者たちが武器を手にして戦うという例は、もちろんキリスト教だけではない。例えば、日本の仏教においては、いわゆる「僧兵」と呼ばれる者たちがいたことが知られている。「僧兵」という言葉自体は近世における造語のようだが、武器を手にして戦う僧侶はすでに五世紀の中国におり、日本では一〇世紀中頃から目立つ存在になっていったようである。彼らは僧侶でありながらも武芸を身に付け、仏法守護の名目で戦闘に従事した。特に興福寺・東大寺・延暦寺・園城寺《おんじょうじ》などではその兵力が強大で、相互の勢力争いのみならず、朝廷にも強訴《ごうそ》するなど、政治的にも無視できないものであった。彼らは一時期かなりの影響力をもっていたが、戦国時代末期になって、織田信長の比叡山焼打ちや、豊臣秀吉の根来《ねごろじ》寺焼打ちと刀狩などにより消滅した。こうした「僧兵」は、もちろんキリスト教の十字軍や騎士修道会などとは歴史的文脈が全く異なるのでパラレルに論じられるものではないが、既存の宗教団体と密接な関係をもった武装集団であったという点では似たものであろう。

これらと類似した例は、ユダヤ教やイスラームなど、その他の宗教でも見られる。要するに、これまでそれぞれの社会である程度の影響力をもった宗教が、積極的に戦闘に関わり、それを正当化したり、奨励したり、あるいは義務化したりしたことは、良いか悪いかは別にして、人間社会における出来事としては珍しいものではなかったのである。

軍隊に専属の宗教家

現在では、伝統的宗教が常備軍を形成してそれが国軍として機能している例はないと言ってよい。ただし、正規の軍事組織に伝統的宗教の聖職者が関わるケースは今でもよく見られる。世界の多くの軍隊には、「従軍チャプレン」(military chaplain)という専属の宗教家が組み込まれる制度があるからだ。従軍チャプレンは、平時も戦時も、将兵たちと生活や行動を共にしながら軍隊内で宗教上のサポート活動を行っている。したがって、彼らは明らかに軍事を支える宗教家だということになる。

「チャプレン」というのは学校や病院などに専属の宗教家を指す言葉で、日本でもキリスト教系学校などでは日常的に使われるものである。キリスト教文化圏で軍隊に同行する宗教家については、これまで「従軍牧師」「従軍司祭」という訳語が使われることが多かった。一般に日本語で牧師といえばプロテスタントの聖職者を指し、司祭（神父）といえばカトリックの聖職者を指すことがほとんどなので、それぞれ本当に牧師や司祭を指しているのであれば、その訳語でも問題はない。しかし、現代の軍隊では構成員たちの宗教も多様化しており、国によってはカトリックやプロテスタントなどキリスト教のみならず、ユダヤ教、イスラーム、仏教、ヒンドゥー教などのチャプレンもいる。また、資料によってはchaplainと書かれているだけで教派や宗教が不明な場合もある（ちなみに現在のアメリカには無神論・無宗教者のチャプレンがいる大学もある——例えばハーバード大学など）。したがって、特定の宗教や教派だけを指すことにならないよう、以下では英語のchaplainをそのままカタカナにして「従軍チャプレン」という言葉を使うことにしたい。

　軍事行動に宗教家が同行するという例は、「チャプレン」という言葉が生まれるはるか以前からあった。例えば、旧約聖書の「申命記」二〇章二節以下や、「ヨシュア記」六章四節以下などで、祭司が戦闘に付き添っている様子が描かれている。それより以前にも、世界各地で同様のことは見られたであろう。有名な戦争映画、例えば『史上最大の作戦』『地獄の黙示録』

『グッドモーニング、ベトナム』『プライベート・ライアン』などにも従軍チャプレンが一瞬だけ画面に登場する。ルイーザ・メイ・オルコットの『若草物語』は四人姉妹の青春を描いた小説だが、それは父親が南北戦争に従軍チャプレンとして出征しているため家を留守にしている、という設定の物語であった。『白鯨』で有名なハーマン・メルヴィルの遺作『ビリー・バッド』や、チェコの作家ヤロスラフ・ハシェクの『兵士シュベイクの冒険』にも従軍チャプレンが出てくる。宇宙人の襲来を描いたアメリカのSF映画『インデペンデンス・デイ』にも、ほんの一瞬だけだが、空軍の制服を着たチャプレンが登場している。注意深く小説や映画をみていれば、意外とあちらこちらで彼らの姿を目にすることができる。

この従軍チャプレンとは、一言でいえば、軍隊に専属の聖職者である。国によってその位置づけなどは異なるが、以下ではアメリカ軍を例に見てみよう。

アメリカ軍の「チャプレン科」

アメリカ軍では、陸海空それぞれに「チャプレン科」という兵科がある。宗教の専門家であるチャプレンは、医師や弁護士などと同様に、専門的な知識や技能を持った士官と位置づけられている。したがって、彼らは陸軍の少佐であると同時にプロテスタントの牧師であったり、カトリックの司祭であると同時に海軍の大佐であったりするという形になる。当然ながら他の将兵と同じ制服や迷彩服を着ているので、遠目には他の戦闘員と区別がつかない。近づいて兵科を表す徽章《きしょう》を見てはじめてチャプレンだと気付く、という感じである。

アメリカで常備軍の一部として正式にチャプレン制度がおかれたのは一七七五年の七月二九日であった。その日がアメリカ軍チャプレン科の「誕生日」とされており、実は陸軍の「チャプレン科」は「歩兵科」の次に作られた二番目に古い兵科でもある。ただし、実際には、一七世紀初頭にジェームズタウンが建設されたばかりの頃から、牧師たちは民兵たちの戦闘や訓練に付き添うという慣習があった。民兵徴集のための集会も、また定期的な訓練も、そして実戦における軍事行動も、牧師の説教や祈りで始められるのが普通だったのである。当時の北米における共同体防衛は、経済的・物理的な事情から一般市民によるしかなかったのだが、その頃は今よりもはるかに教会や牧師の権威が強かったので、民兵たちの組織や活動は教会・牧師とともになされていたのである。

形式的にも内面的にも、アメリカの軍事組織は宗教と密接なつながりをもって発展していった。現在にいたるチャプレン制度も、基本的にはそうした歴史的文脈の延長上にある。やや単純化して言えば、アメリカにおいては世俗の軍隊に後から宗教家をくっつけて従軍チャプレン制度を作ったのではなく、宗教家は最初から戦闘員たちと共にいて、後から「チャプレン科」という兵科として認識されるようになったのである。かつてのアメリカでは、敵の殺戮を正当化し、戦死者の名誉を称えるのは、教会と牧師の重要な仕事の一つだった。南北戦争の頃までは、他の兵士たちと共にマスケット銃を手にして戦うチャプレンもいた。例えば、イリノイの歩兵連隊付きチャプレンだった三九歳のミルトン・L・ヘイニー大尉は、一八六四年のアトランタでの戦いで自ら銃を手にして戦闘に加わり、仲間の兵士たちから「ファイティング・チャプレン」などとあだ名までつけられている。だが、米西戦争（一八九八年）の頃からは、チャプレンは明確に「非戦闘員」と規定されるようになり、現在ではチャプレンによる武器の携帯や使用は禁止されている。

第二次大戦時、アメリカ軍は約一万二〇〇〇名ものチャプレンを従軍させている。基地や訓練施設などで任務についた者も多かったが、なかには空挺部隊に同行し、兵士たちとともにパラシュートで敵地に降下するチャプレンもいた。「史上最大の作戦」とも言われたノルマンディ上陸作戦に加わり、味方の兵士が手足を吹き飛ばされたり腹を撃ち抜かれたりして死んでいく戦場で、彼らに最期の祈りをしてやるチャプレンもいた。

従軍チャプレンの位置付けと多様性

チャプレンの存在は、「陸軍規則一六五 - 一」によれば、合衆国憲法で言及されているいわゆる宗教的実践の自由を、軍隊内においても保障するためのものであるとされている。アメリカ国内では、軍隊内に聖職者をおくことに対する批判もゼロではないが、それはあくまでも少数派で、建国から現在にいたるまで、実際にはチャプレン制度は当然のものとして受け入れられている。

彼らの位置付けや任務内容については、軍が刊行している「野戦教範」（Field Manual）などを通して知ることができる。[9] それらマニュアル類によれば、チャプレンたちは宗教上のさまざまなニーズにこたえるのはもちろんだが、同時に、担当する部隊の兵士の士気を維持する役割や、兵士たちの道徳面に関する監督者的な役割を担うことも期待されている。つまり軍隊内の「宗教・士気・道徳」という三つを総合的にカバーすることが求められているわけである。ただし、ここでの「士気」というのは戦闘意欲を掻き立てるといった意味よりは、悩み事の相談にのったり、ちょっとした娯楽を提供するなどしてリラックスさせたりする、といったニュアンスのものに近いようである。

また、彼らチャプレンが身につけるべきスキルは、「生者を支えること」「傷病者を見舞うこと」「死者を顕彰すること」という三点から説明されることもある。一八世紀や一九世紀の従軍チャプレンは、宗教的な役割だけでなく、兵士たちの識字教育や、地理・歴史・倫理学などの教員役もつとめた。また兵士たちの手紙の代筆や、郵便物と現金の管理などもしていたようだが、現在では、任務は宗教的事柄に限定されている。

ベトナム戦争時代にアメリカ軍が実際に使用していたチャプレン・キット

チャプレンらによる一連の宗教サポート活動の対象は、当然ながらまずは将兵とその家族たち、そして軍のなかで働く民間人が中心である。だが、少なくともマニュアル上は、敵の捕虜や現地の住民たちもサポートすべき対象に含まれている。また、彼らには自らの宗教や教派だけでなく、他宗教に関してもある程度の知識を持っていることが必要とされている。というのも、従軍チャプレンは自分たちの部隊の軍事行動が、派遣された先の宗教文化にどのような影響を与えうるかなどについて、指揮官に助言することも仕事の一つとされているからである。

世界の宗教界では、二〇世紀半ば頃から、異なる教派や宗教が互いを尊重し、対話に基づく一致や協力を目指す「エキュメニズム」や「宗教間対話」などの動きが活発になっていった。だがアメリカ軍内部では、現実的な要請によって、一般社会よりもずっと早くからエキュメニカルな宗教的実践がなされていたとも言える。今でも従軍チャプレンになるための重要な条件の一つとして、さまざまな信仰をもつ軍の構成員に対して公平に気を配ることのできる人物であることが挙げられている。

アメリカ軍チャプレン科のウェブサイトで紹介されている従軍チャプレンたちの経歴は、実に多様である。人種も白人、黒人、アジア系といろいろで、現在では女性チャプレンもかなり多い。人種・性別のみならず教派や宗教もさまざまで、そうしたチャプレンの多様性は、アメリカ社会そのものの多様性を反映していると言っていいだろう。従軍チャプレンに関する制度・仕組み、種々の名称や訓練プログラム等は、軍隊の他の事柄と同様、頻繁に変更・改革がなされているが、その最も根本的な部分は一七七五年以来、変わらずに維持されている。

一九〇九年に、陸軍ではチャプレンの助手を務める要員として「チャプレン・アシスタント」というポストが設置された。チャプレン・アシスタントは文字通りチャプレンのさまざまな手伝いをする要員であるが、彼らはチャプレンとは違って聖職者ではない。また士官ではなくて下士官がなる。チャプレンは武器を持たない非戦闘員であるのに対して、チャプレン・アシスタントはあくまでも戦闘員であり、チャプレンの安全を守ることも任務の一つとなっている。チャプレン・アシスタントは二〇一五年に名称が変更され、現在の陸軍では「宗教業務スペシャリスト」(Religious Affairs Specialist) と呼ばれている。海軍や空軍にも、名称は異なるが、同じようにチャプレンの助手を務める下士官がいる。

将兵は皆、それぞれの制服に職種を示す徽章（バッジ）をつけているが、チャプレンであることを示す徽章は、本書執筆時点では五種類のデザインのものが用意されている。それは、十字架（キリスト教）、ダビデの星と十戒の石板（ユダヤ教）、三日月（イスラーム）、法輪（仏教）、オームの文字（ヒンドゥー教）、の五つである。ユダヤ教のチャプレンはすでに南北戦争時に登場しており、イスラームのチャプレンとしては一九九三年にアブドゥール・ラシード・ムハンマドが初めて採用されている。二〇〇四年には、元海兵隊員のジャネット・グレイシー・シンが国防総省付きの初の仏教チャプレンとなっている。陸軍付きの仏教チャプレンは二〇〇八年のトマス・ダイアーが最初であるが、なんと彼は、元プロテスタントの牧師であった。ヒンドゥー教のチャプレンが初めて採用されたのは二〇一一年で、それはプラティマ・ダルムというニューデリー出身の女性である。

語り継がれる「四人のチャプレン」

アメリカの従軍チャプレンについては、彼ら自身による戦場体験記、あるいは作家によるチャプレンの伝記のような本が多く書かれている。それらを読めば、従軍チャプレンの活動の様子はもちろん、新たな角度から戦争や戦場の実態を知ることもできる。

これまでのアメリカ軍にはさまざまなチャプレンがいたが、なかでも特に有名なのが、第二次大戦時に亡くなった、ある四名のチャプレンである。彼らは今も「四人のチャプレン」(The Four Chaplains) もしくは「永遠のチャプレン」(Immortal Chaplains) という呼称で語り継がれている。簡単に紹介しよう。

四人は、陸軍所属のチャプレンであった。クラーク・V・ポリング中尉は当時三二歳で、オランダ改革派の牧師だった。彼の父親も第一次大戦で従軍チャプレンを務めた経験をもっていた。アレキサンダー・D・グード中尉は一番若く、当時三一歳で、彼はユダヤ教のラビである。ジョン・P・ワシントン中尉は当時三四歳で、彼はカトリックの司祭であった。ジョージ・L・フォックス中尉は当時四二歳。四人のなかでは最年長で、彼はメソディストの牧師であった。四人はそれぞれ教派や宗教が異なっており、その点も彼らが後に語り継がれるようになる際のポイントになったと言える。

彼ら四人は、一九四三年の一月末、陸軍の輸送船ドーチェスター号に乗っていた。ドーチェスター号は彼らを含む九〇二名の兵士や民間人を乗せて、グリーンランドの南にある米軍基地に向かっていたのである。だが、その海域ではドイツ軍の潜水艦、いわゆるUボートが多く出没しており、すでに何隻もの船が沈められていた。そのためこのドーチェスター号には沿岸警備隊の小艇三隻も護衛につくなどして、警戒しながら航海をしていた。

同年二月二日、目的地まであと一五〇マイルの地点を通過し、やがて夜中の一二時をまわって、日付は二月三日となった。ほとんどの乗員は眠りについていた。ドイツ側の記録によると、潜水艦U-二二三は、深夜〇時五五分、すでに潜望鏡にドーチェスター号を捉えていた。指揮官は魚雷発射準備完了の報告を受けると、すぐに発射を命じた。海中に押し出された魚雷はスクリューを回して海中を突き進み、標的の右舷中央部に命中した。轟音《ごうおん》とともにドーチェスター号は大きく揺れ、人々は飛び起きた。最初の爆発だけで大勢が倒れ、また流れ込んできた海水で多くが溺れた。電気システムが壊されたため無線も使えなくなり、船内も真っ暗になって人々はパニックに陥った。真冬の深夜、海水が流れ込んでくる暗い船から避難するのは容易ではない。人々は救命ボートに殺到したので、それはバランスを失って転覆しそうになったり、また人々が乗り込もうとする前に流されたりして、事態は混乱を極めた。誰もが冷静さを失い、死の恐怖におびえていた。

すると、ポリング、グード、ワシントン、フォックスの四人のチャプレンがすぐに兵士たちのあいだに入り、ジョークを口にしながら彼らを落ち着かせ、また怪我人を勇気づけて彼らの避難を助けた。当時この船に乗っていた生存者たちは、船の残骸や仲間の遺体とともに海面に浮かびながら、このチャプレンたちが甲板で兵士たちを励まし勇気づけている声を聞いていた。

浸水でさらに船が傾いていくと、多くの兵士たちはデッキの柵にしがみついたまま動けなくなっていた。するとチャプレンたちは彼らを落ち着かせながら収納庫に走り、救命胴衣を探してそれを身に着けていない者たちに手渡していった。だが、そこには全員の分の救命胴衣は無かった。周囲には、救命胴衣を持たずに怯《おび》えている兵士たちがいる。四人のチャプレンたちはそれを見ると、躊躇《ちゅうちょ》なく自分たちの救命胴衣を脱ぎ、それを持っていない兵士たちに手渡して着せた。そして、希望を捨てるなと声をかけて励まし、彼らの脱出を助けたのだった。多くの生存者たちがその様子を目撃しており、これゆえに彼らは称賛され、現在にも語り継がれることになったのである。

チャプレンたちは自分の教派や宗教にこだわらず、ただ目の前の兵士たちのために、自らの命を犠牲にしたのであった。生存者たちの証言によれば、ドーチェスター号が沈んでいくとき、四人のチャプレンが互いに腕を組み合って並んで立ち、穏やかな表情で祈りを捧げている様子が見えたという。

この四人のチャプレンには、死後にパープルハート勲章と殊勲十字章が授与された。そしてさらに、彼らの功績を称えた特別な勲章「フォー・チャプレンズ・メダル」も授与された。現在、彼らの姿は、ペンタゴン（国防総省）のチャペルをはじめ一〇ヶ所以上の礼拝堂でステンドグラスにもなっている。彼らに関する本も多く出版され、絵画も多く描かれ、彫刻や記念碑も作られた。沈んでいくドーチェスター号と四人の顔が描かれた記念切手も発行され、二月三日は「フォー・チャプレンズ・デイ」として記念日にも定められている。彼らについてのドキュメンタリー番組も製作され、彼らにちなんだ基金や教会組織も作られた。彼らはアメリカ軍のなかでは、もはや聖人のようなイメージで語り継がれているといっても過言ではない。

「四人のチャプレン」の３セント切手

確かに、アメリカの政府および軍当局は、この美談を国民の士気を高揚させ愛国心を鼓舞するために、最大限に利用したようにも見える。アメリカ軍が自らの「正しさ」を内外にアピールするうえで、四人のチャプレンの最期はちょうどいいシンボルになった。プロテスタント二名、カトリック一名、ユダヤ教一名という四人の構成は、アメリカ国民の多くがそのいずれかに当てはまり、自分自身の信仰や生き方に照らしてこのエピソードに感動することができる。一つの船に四つの異なる宗教・教派の聖職者がいて、皆が協力して困難に立ち向かい、人々を救い、そして最後は自らを犠牲にして死んでいったという事実それ自体にも批判の余地はない。彼ら四人は、聖書のなかのイエスの言葉、「互いに愛し合いなさい」「友のために自分の命を捨てること、これ以上に大きな愛はない」を文字通りに実践したものとして捉えられた。彼らの行動は、類まれなる信仰と勇気、そして宗教や教派をこえた愛と自己犠牲の象徴として、語り継がれるようになったのである。[10]

チャプレンたちの名誉勲章

アメリカ軍における最高ランクの勲章は「名誉勲章」である。それは非常に厳しい審査をへて大統領から直接授与される特別なものであるが、これまで従軍チャプレンにも名誉勲章が与えられた例はいくつもある。

ベトナム戦争時、海兵隊にチャプレンとして同行していたヴィンセント・R・カポダンノというカトリック司祭がいる。彼は、はじめは一般の司祭として働き、台湾などで宣教していたが、三六歳の時に海軍チャプレンとなった。訓練を受けた後、彼は海兵隊に配属され、すぐにベトナムに派遣された。彼は常に兵士たちと行動をともにしたので、周囲からは親しみを込めて「歩兵神父」(Grunt Padre) とも呼ばれた。

だが、そうした生活をはじめてしばらくしてから、一九六七年の九月、カポダンノは激しい戦闘に巻き込まれる。武器を持たない彼も、銃弾が飛び交うなか、倒れた味方の兵士の手当をしたり、死につつある兵士に最期の祈りをしたりするために走り回った。やがてカポダンノ自身も迫撃砲弾の破片を受けて腕や足にかなり深刻な怪我を負った。しかし、それでもなお、彼は退却を拒否して仲間の救助に奔走した。すでに幾人もの仲間を助けたカポダンノは、まだ近くで助けを待っている兵士がいたので、彼のもとに走り寄ろうとした。しかし、その瞬間、彼はとうとう胴体に銃弾を受けて致命傷を負ってしまう。カポダンノは動けなくなっているその仲間の兵士が撃たれないよう、敵と彼とのあいだに盾となるように倒れ、壮絶な戦死をとげた。彼は三八歳だった。

死後、カポダンノには、戦場におけるその模範的な行動が評価され、名誉勲章が授与された。また、彼は海軍所属のチャプレンだったので、後に、新たに就役したフリゲート艦に「カポダンノ」と彼の名が付けられた。速射砲やミサイルも備えたその艦は、カポダンノの没後一四年目の一九八一年に、アメリカの艦船として初めてローマ教皇（ヨハネ・パウロ二世）から「使徒的祝福」（Apostolic blessing）を受けている。[11] さらに、二〇〇六年には、カトリック教会はカポダンノを「聖人」に至る第一段階である「神の僕《しもべ》」にも認定したのであった。日本の岩国基地（アメリカ海兵隊の航空基地）のチャペルにも、「カポダンノ・ホール」と名付けられた集会室がある。

名誉勲章を受けたチャプレンのエピソードは、他にもたくさんある。カポダンノよりももう一世代前のチャプレンで、第二次大戦と朝鮮戦争に従軍したエミール・J・カパウン大尉というカトリック司祭がいる。彼もアメリカ軍のチャプレンとしては有名人の一人である。彼は第二次大戦後の一時期、日本に滞在していたこともあるが、朝鮮戦争が始まるとそちらの戦場に派遣された。カパウンは戦場のあちらこちらをまわり、ジープのボンネットにシートをかぶせて祭壇にし、ミサをおこなった。豪胆かつ気さくな人柄だったようで、彼は戦場で兵士たちに好かれ、厳しい環境でも怪我や病気の将兵を助けていた。

だが、やがてカパウンは他の将兵たちとともに敵に捕らえられ、捕虜として収容所に入れられてしまう。収容所内でも彼は仲間の将兵たちを支え、病気の仲間のための食料確保などに奔走した。だが、やがて彼自身も弱っていき、そこで病死した。死後、彼には名誉勲章が授与され、さらにカポダンノと同じようにカトリック教会から「神の僕」に認定されている。二〇二一年には、韓国のムン・ジェイン大統領から最高位の勲章である「太極武功勲章」も授与されている。

名誉勲章を受けたチャプレンのなかでやや異色なのは、ベトナム戦争に従軍したチャプレン、チャールズ・J・リテキー大尉である。一九六七年、リテキーはベトナムの激しい戦火のなかを、足と首を負傷しながらも丸腰で走り回って兵士たちを救った。彼は銃弾の飛び交うなか、危険をかえりみず二〇人もの負傷兵を安全な場所に運んだその勇気を称えられ、名誉勲章を授与された。彼は戦争を生き延びてアメリカに帰国したが、しかし意外なことに、彼は戦後すぐに軍隊を辞め、さらに司祭職からも離れてしまう。そして元修道女と結婚し、社会活動に身を投じるようになったのである。

それからリテキーは平和運動家として活動したのだが、特にその名が広く知られるようになったのは、彼がアメリカの外交政策に対する抗議として、せっかくの名誉勲章を返上したからであった。彼はレーガン大統領宛の封筒に名誉勲章とそれを返上する理由を書いた手紙を入れ、ワシントンDCのベトナム戦争記念碑の前に置いたのである。彼は、二〇人の命を救ったベトナム戦争の英雄であり、名誉勲章を受章した数少ない従軍チャプレンの一人だったが、同時にアメリカ史上初めて名誉勲章を返上した人物となったのである[12]。

このように、これまで従軍チャプレンに関してはさまざまなエピソードや逸話がある。確かに、なかには立派な人物もいたようであるし、彼らの行動から学ぶべきことや見習うべきことは多い。「四人のチャプレン」やカポダンノ神父の壮絶な最期など、本でじっくり読むと思わず目頭が熱くなったりする。しかし、軍隊に専属の聖職者については、いかんともしがたい矛盾があることも指摘しないわけにはいかない。その典型が、原爆投下の際にチャプレンたちがとっていた姿勢である。

原爆と従軍チャプレン

第二次大戦のあいだ、アメリカ軍のチャプレンは戦場、基地、訓練施設、艦船のなかなど、さまざまな場所で任務についた。エノラ・ゲイが原爆を積んで離陸したテニアン基地も例外ではなかった。当時、テニアン基地には、チャプレンの一人としてプロテスタントの牧師、ウィリアム・B・ダウニー大尉がいた。

ダウニーは、エノラ・ゲイの機長ティベッツからも信頼され、好かれていたようである。ダウニーはいつも将兵たちの個人的な悩みを聴き、相談にのってやっていた。出撃前日の夜、隊員たちが思いおもいに時間を過ごしているとき、機長のティベッツは休憩室でダウニーに話しかけていた。その時の様子を、ゴードン・トマスとマックス・モーガン＝ウィッツは『エノラ・ゲイ——ドキュメント・原爆投下』で次のように書いている。

「休憩室の中では、ティベッツが第五〇九航空群の従軍牧師ウィリアム・ダウニーに話しかけていた。ダウニーはティベッツとその部下たちのこれからしようとしている事の正しさに疑いをもってはいなかった。キリスト教徒として、人を殺すことをいいとは思わなかったが、戦争では「人を殺すことは勝つか負けるかの勝負のためだ。それを認めない者は、その代わりに敗北を受け入れるつもりでなければならぬ」と彼は信じていた」[13]

午前零時になると、機長のティベッツは一緒に日本へ原爆を落としに行く部下たちを集め、彼らの前で訓示をした。「いまは簡単に話す。もう言うことはあまりないから。このいま我々が落とそうとしている爆弾は、これまで諸君が見たり聞いたりした爆弾とはちがうものだということをよく覚えておいてほしい。第二にその威力はＴＮＴ火薬二万トンに相応するということも忘れるな」[14]。彼は出撃の寸前でもなお機密保持を重んじて、「原子」や「核」といった言葉は一度も使わず、ただ「非常に強力」であり「戦争を終結させる力を持っている」と述べただけだったという。

続いて、気象担当や通信担当の将校がそれぞれ天気予報や無線の周波数に関することなどについて報告を済ませた後、ティベッツは航法士に他の爆撃機と落ち合う合流点について確認をさせたり、機銃手に弾丸の数を点検するよう指示を出したりした。そして、午前〇時一五分に一連の説明が終わると、ティベッツはチャプレンのダウニーを手招きして呼び寄せた。そこでダウニーは、この出撃のために準備した次のような祈りを唱えた。

「全能の父なる神よ、あなたを愛する者の祈りをお聞きくださる神よ、わたしたちはあなたが、天の高さも恐れずに敵との戦いを続ける者たちとともにいてくださるように祈ります。

彼らが命じられた飛行任務をおこなうとき、彼らをお守りくださるように祈ります。（中略）そしてあなたのお力を身にまとい、彼らが戦争を早く終わらせることができますように。戦争の終わりが早くきますように、そしてもう一度地に平和が訪れますように、あなたに祈ります。あなたのご加護によって、今夜飛行する兵士たちが無事にわたしたちのところへ帰ってきますように。（中略）イエス・キリストの御名によって、アーメン」

こうしてエノラ・ゲイは送り出された。そして、彼らは計画通りに、新型爆弾で瞬時に何万人もの民間人を虐殺した。そして爆撃機の乗組員たちは、この「祈り」の通り、無事に帰還したのだった。その後の長崎への原爆投下も含めて、死者は約二一万四〇〇〇人にもおよぶ。

さて、このような信仰のあり方を、私たちはどう考えればいいだろうか。チャプレンは多くの敵を殺害できるように祈っているわけではなく、ただ味方の兵士の無事の帰還を祈っているだけだ、と言われるかもしれないが、立場が異なる人々にそれを納得させるのは難しいであろう。なお、当時の広島市長、粟屋《あわや》仙吉はプロテスタントのキリスト教徒だった。粟屋市長とその家族たちは、同じ信仰をもっていたはずの牧師ダウニーの祈りによって送り出された原爆によって虐殺されたのである。

ザベルカ神父の後悔

当時、テニアン基地には、カトリックのチャプレン、ジョージ・ザベルカ大尉もいた。彼は戦後のインタビューで、当時は原爆や戦略爆撃の恐ろしさとおぞましさについて、感じるべきだったのに感じていなかった、と答えている。無差別爆撃の非道徳性について、当時の教会指導者たちは誰も声をあげなかったという。

ザベルカは次のようにも述べている。「スペルマン枢機卿はテニアン基地に来たことがある。確か終戦まぢかの大きなミサのときだった。彼は、諸君戦い続けよ、と呼びかけた。そして、われわれは自由のために、正義のために、そして日本人が真珠湾を攻撃した際の恐怖を打ち負かすために戦っているんだ、と言った」[15]。枢機卿というのは、教皇直属の顧問団のような位置づけの高位聖職者である。正確には、スペルマンが枢機卿になったのは一九四六年二月なので、戦時中の彼はまだニューヨーク大司教だったが、とにかく後に枢機卿になるような者でさえ、戦時中はそのような考えや発言をしていたのだ。

ザベルカは、ドキュメンタリー映画監督として知られるマイケル・ムーアとも交流があった。ムーアは、自伝『マイケル・ムーア、語る。』のなかで、ザベルカ神父のことを「俺の事実上の宗教指導者」だとして話題に出している。ムーアによれば、知り合って間もないある日、ザベルカは突然彼に対して「私の手は血で汚れているんだ」と言った。そして、ザベルカは自分がかつて従軍チャプレンをしていて、しかも広島に落とした爆弾を祝福したことを告白したのだった。彼はムーアに次のように語ったという。

「わたしはエノラ・ゲイの従軍司祭だった。一九四五年八月五日にミサを行い、その翌朝、彼らを祝福した。二〇万人の人々を虐殺する任務に向けて飛びたつ彼らを。祝福したんだよ。イエス・キリストと教会の名のもとに。わたしがそれをした」[16]

「それから三日後、わたしは長崎に爆弾を落とす飛行機の乗組員たちも祝福した。長崎はカトリックの町だった。キリスト教徒が過半数を占める日本で唯一の町だった。飛行機のパイロットはカトリック教徒だった。そしてわたしたちは四万人のカトリックの同胞の命を奪った。全部で七万三千人もの人々の命を」[17]

そう言ってザベルカは目をうるませた。そんな彼に対し、ムーアは、あなた自身が町の破壊を計画したわけではないし、爆弾を落としたわけではない、と言って慰めようとした。しかし、ザベルカは「違う。そんなに単純な話じゃない。わたしはあれに加担したんだ」と言ったという。ザベルカはこうした後悔をへて「回心」し、残りの生涯を平和主義に捧げることを決意した。後に彼は、戦争や人種や階級をめぐる闘争では決して引き下がらず妥協しない神父として知られるようになり、七六歳で亡くなった。

ドナルド・F・クロスビーによる第二次大戦時のカトリック司祭に関する本によれば、原爆投下から数週間後まで、ほとんど全てのカトリックの従軍チャプレンは、それについて肯定的な意見をもっていたという。あらためて一九八三年に、当時を知っている存命中のチャプレン二〇〇名に対して「当時は原爆投下を正しいと思ったか」というアンケートをとったところ、六五%のチャプレンが当時はそうした行為を支持していたと答えた。[18] かつてのアメリカ社会では、日本への復讐という空気が蔓延していたが、チャプレンたちもそうした一般的な意識から自由ではなかったようである。

2　軍隊における「祈り」

日本の陣僧

このように、アメリカをはじめキリスト教文化圏の軍隊では従軍チャプレン制度があったし、今でもあるわけだが、日本の軍隊にも宗教家が同行していた例は古くからあった。

かつて、戦国武将の側近くには軍配者という軍師がおり、彼らは易、占い、祈禱などの専門家であった。そのため、小和田哲男は彼らを「呪術的軍師」とも呼んでいる。そうした軍師は、僧侶である場合もあれば、修験山伏である場合もあり、陰陽師を軍師として抱える武将もいたという。[19] 軍配者などの呪術者を中心に「敵退散」「敵調伏《ちょうぶく》」の祈禱がおこなわれることも多かった。双方の陣営でそれらがおこなわれていたため、まさに「呪術合戦」さながらの様相を呈していたこともあったようである。[20] 中国の武経七書の一つ『六韜《りくとう》』の第三巻「竜韜《りょうとう》」にも「天文に通ずる者」という記述が出てくる。[21] 彼らは天体や暦に関する事柄を担当し、天心の動きの機微を察知して時日の吉凶を推定することなどをその役割とするので、小和田はそうした彼らもまた軍隊に専属の「呪術師」だとしている。

だが、日本における西洋の従軍チャプレンに近いものとしては、そうした呪術師よりも、「陣僧《じんそう》」の方をあげるべきかもしれない。戦陣で活動する僧侶の存在については鎌倉末期から確認されており、主に室町・戦国時代に多く活躍していた。彼らはその名の通り、出陣する武士に従い戦場の供をする僧侶であり、討死した武士に臨終の念仏を勧め菩提を弔ったり、遺族に最期の様子を伝えたりするなど、戦場における宗教家としての活動をおこなった。当時の武士は、一方では敵を殺して手柄をあげて、家族や子孫を繁栄させようという強い意欲を持っていたが、他方では、自分が殺されるのが恐ろしく、また人を殺せば仏教でいう殺生戒を破ることになるので地獄に落ちてしまうのではないかという不安もあった。こうした矛盾を抱えざるを得ない状況こそが、彼らが陣僧を伴っていた最大の理由とされている。

彼ら陣僧は、祈禱や遺体処理のみならず、首実検や首供養における一部の役割も担った。また、純粋に宗教的な事柄だけでなく、大将の側近として文書作成を手伝ったり、敵方へ使者として派遣されたりすることもあったため、「僧体の軍使」と説明されることもある。研究者のなかには、陣僧には連歌師・物語僧・吟遊詩人的な役回りを果たす側面もあったと指摘する者もいる。[22] 彼らの活動の様子は『太平記』『明徳記』『大塔《おおとう》物語』などでも伝えられているが、そもそもそうした軍記物の記事の多くは陣僧から得たものと考えられているようである。

陣僧には圧倒的に時衆《じしゅ》が多かったようで、その背景についてもさまざまな研究がなされてきた。武士と時衆が緊密な関係にあった理由としては、一遍の出身が名門の武士の家であり、幼くして出家した彼が武士に劣らぬ気魄《きはく》を持っていて、気性の激しさや態度の厳しさという点で典型的な武士の性格を備えていたなど、一遍個人のありようから説明されることがある。だがそれだけではなく、思想的な理由としても、弥陀の他力本願を説くことにおいて時衆がもっとも徹底していて武士たちの気質に合っていたとか、賦算《ふさん》という往生の証を与えられる簡単な行儀を持っている点が直截《ちょくせつ》簡明な救済を求める武士に迎えられた、などという指摘もある。今井雅晴は『中世社会と時宗の研究』のなかでこれまでの陣僧研究の蓄積をまとめながら、陣僧の活躍によって時衆の文化が広まったことは事実であると述べ、この陣僧という存在は時宗（時衆）研究においても重要なものであるとしている。

近現代日本の従軍チャプレン

では、近代日本における従軍チャプレンはどうだったのだろうか。

日本が近代的な軍隊をつくったのは一八七〇年代だが、従軍神官の本格的な派遣は一八九五年から始まっており、従軍僧の従軍許可も一八九四年に出されている。つまり、近代日本が初めて経験した大規模な対外戦争である日清戦争時から、すでに両者は具体的な活動を始めていたことになる。彼らの活動は、軍からの要請ではなくむしろ宗教界からの要望で始められたようだが、当時は師団長による従軍許可と大本営による従軍許可が併存するなど、まだ制度的には曖昧で未整備な傾向があった。一九〇四年の日露戦争時からルールが明確になり、師団長もしくは兵站監《へいたんかん》が従軍許可を交付するなど、軍が組織的に管理をするようになった。彼らの派遣目的は、大まかには、①葬儀、②布教、③慰問、という三点に集約できるようである[23]。

従軍僧は従軍布教師（使）と呼ばれることもあり、日清戦争では、天台宗、真言宗、浄土宗、曹洞宗、日蓮宗、真宗大谷派（東）、浄土真宗本願寺派（西）などがそれぞれ従軍僧を派遣している。日露戦争時は、本願寺派は開戦と同時に従軍布教使条例を発布して、一〇五名もの従軍布教使を戦地に派遣した。そうした戦時奉公の実績は高く評価され、後に明治天皇から嘉賞《かしょう》の勅語が与えられたほどであった。それから後、満州事変以降はあらためて仏教諸派の戦時体制が強化されて従軍布教は戦時奉公の重要な柱とみなされ、中国、東南アジア、南太平洋諸島まで、広い地域に従軍僧が派遣された。

主な活動内容は、軍人への布教、戦死者の葬送、病院などへの慰問などだったようだが、現地における自宗派の開教ないしはその準備のための情報収集や、現地民衆への宣撫《せんぶ》工作などもなされた。兵士たちを慰め励ますことが最重要の仕事であったが、それは結局のところ戦意を高揚させることが目的で、法話の内容も「軍人勅諭」の規範に沿ったものがなされたようである。この時期は、アジア各国で開教するために新たに寺院や布教所などが開設されたりしたが、それらはあくまでも軍部の協力のもとでなされていた。

作家の石川達三は、第一回芥川賞をとった三年後に、日中戦争時の日本軍兵士たちをテーマにした『生きている兵隊』という作品を書いている。そのなかに片山玄澄という名の従軍僧が出てくるのだが、その従軍僧が敵を殺害するシーンはなかなかショッキングである。

「「貴様！」とだみ声で叫ぶなり従軍僧はショベルをもって横殴りに叩きつけた。刃もつけていないのにショベルはざくりと頭の中に半分ばかりも喰いこみ血しぶきをあげてぶっ倒れた。／「貴様！……貴様！」／次々と叩き殺していく彼の手首では数珠がからからと乾いた音をたてていた」[24]

この作品は決して忠実な記録ではなく、あくまでも創作である。実際の従軍僧の戦いぶりがここまで凄惨なものだったのかどうか今から確かめるのは難しい。だが、従軍僧が戦闘に参加していたということそれ自体は、石川達三のフィクションではなかったようである。

野世《のせ》英水《えいすい》は、論文「近代真宗本願寺派の従軍布教活動」で、日中戦争時の従軍布教使の活動内容を次の一〇点にまとめており[25]、その四つ目に「戦闘への参加」も入れている。その一〇点とは、すなわち、①戦病死者の葬送（読経及び火葬・埋葬）、遺骨の送還、②兵士への法話・布教、③戦傷病者への慰問、④戦闘への参加、⑤懐中名号（陣中名号）・数珠・聖典等の配布、⑥慰問品・物資の供給、⑦現地民衆への宣撫、⑧本山への戦況・活動状況の報告、⑨出張所・布教所の開設準備および開設、⑩通訳、その他戦死者遺族への通信・供養塔建立等、である。

野世によれば、日清・日露戦争までは、従軍僧の主な仕事は、慰問、傷病者の慰撫、説教法話、葬儀などとされていて、実際にもそうだったようだが、日中戦争における活動内容を実際の従軍布教使たちの報告からまとめると、それらに「戦闘」が加えられることになるようである。この点については、従軍僧経験者による証言も複数残っている。[26]日清戦争、日露戦争、アジア太平洋戦争における「従軍僧」「従軍神官」についての研究にはかなりの蓄積があるので、こうした点についてはより詳細な分析や情報整理が可能であるだろう。[27]

従軍チャプレンの諸相

日本兵が相手国の従軍チャプレンと実際に接した際の証言の一つとしては、小松真一の『虜人日記』のなかの短い一節があげられる。

小松たち日本兵がフィリピンで捕虜になってしばらくしてからのことである。糧秣《りょうまつ》不足でみなが腹をすかせて苦しんでいるところに、アメリカ軍の従軍チャプレンがやってきた。ところがそのチャプレンは、日本語訳の新約聖書を配り、朗読させてすぐに帰ろうとしたので、仲間の日本兵捕虜が言った。「牧師さん、米国は立派なキリスト教国だというのに、我々捕虜に現在のごとく餓死者の出る様な飢えた思いをさせている。これはキリストの愛の教えに背かんか」。するとそのチャプレンは「米国人の全部がキリスト教を本当に信じてくれたなら、皆さんにそんなことをしないでしょうが、米人の内にも、キリストを信じない者がいるので止むを得ません。神様にお腹が減らんよう、お祈りしましょう、アーメン」といって逃げ帰っていったという。小松はそうした描写のあと、「米国はキリスト教布教の大きなチャンスを失った感がある」と付け加えている。[28]

すでに述べたように、日本軍で従軍僧が初めて登場したのは日清戦争時で、それは一八九四

〜九五年である。だが、実はそれより一〇年も前から、日本軍にキリスト教の導入を考えていた人物がいた可能性がある。それは陸軍卿や初代陸軍大臣をつとめた大山巌《いわお》である。当時ロシア正教の宣教師として日本で暮らしていたニコライは、日記（一八八五年一月一一日付）のなかで、どうやら大山巌がヨーロッパからの手紙で「軍隊にはキリスト教を導入する必要がある、というのも、たとえばドイツではキリスト教抜きには軍隊を管理できないからだ」と述べているらしい、と記しているのである。[29] 大山が誰に宛てて書いた手紙のことを指しているのかは不明で、どこまで正しい情報だったのかも定かではないが、ニコライはそれを念頭に、「かれ〔大山〕が帰国したら、さまざまな軍の重要な改革のうち、軍の文明化の手立てとして、キリスト教の導入が始まることだろう」と述べているのである。[30] ただし、ニコライ自身にそのことを歓迎している様子はなく、どうせまたプロテスタントの宣教師たちがしゃしゃり出てきて日本人はみな彼らの方へ行ってしまうに違いない、などと愚痴のようなことを書くだけでその話題は終わっている。言うまでもないが、実際に日本軍にキリスト教が導入されることはなかった。

一九世紀後半にロシア正教の宣教師として日本にやって来たニコライは、ちょうど坂本龍馬とも同い年の人物である。彼は正教会の宣教師として稀な存在で、日本で五〇年も暮らし、そのあいだに膨大な量の日記を書き残した。日露戦争時、捕虜となったロシア兵は全国二九ヶ所に収容されており、日本の正教会信徒がニコライの指示のもとで、捕虜たちの宗教上のケアをおこなったこともあった。彼らは従軍チャプレンに近い役割を担ったとも言えるかもしれない。日露戦争時の日本では、まだキリスト教徒というだけで不信の目で見られる傾向が強かった。しかもロシア正教という敵国ロシアの教派であるということで、日本人の正教会信徒は嫌がらせを受けることが多かった。彼らは「露探《ろたん》」（ロシアのスパイ）なのではないかと疑われ、仕事で不利益を受けるのはもちろん、暴力的な迫害も受けていた。そこで、正教会の神学校教師たちは、自分たちは決して「露探」でも「国賊」でもないことをアピールする必要にせまられていたため、『軍用日露会話』という本を作成して日本軍に献上するなどもしている。[31]

日本の軍事においては、アメリカのように士官としてキリスト教のチャプレンが採用されることはなかったが、一六世紀の後半に大友宗麟の軍隊にイエズス会の宣教師が同行していたという記録がある。したがって、日本においても戦国時代にまでさかのぼれば、キリスト教の従軍チャプレンが存在していたことがあったと言えなくもない。

ちなみに、初めて近代日本にやってきた外国の従軍チャプレンは、ペリーの黒船に乗っていたアメリカ海軍のチャプレン、ジョージ・ジョーンズである。彼はイエール大学を卒業した聖公会の牧師で、アナポリスの海軍兵学校初代チャプレンでもある。ペリーと共に幕末の日本にやってきたこのチャプレンが書き残した日誌は、後に『ペリー提督日本遠征記』が編纂《へんさん》される際の重要な資料の一つとしても活用されたのであった。

従軍チャプレンに関する証言としてはいろいろなものがあるが、第二次大戦時にヨーロッパ戦線で戦ったポール・ファッセルは、従軍チャプレンによる宣教上の効果については懐疑的なようだ。彼は次のように述べている。「従軍牧師も大勢おり、礼拝所も多く、礼拝用の印刷物などもふんだんに用意されていたにもかかわらず、戦争が宗教心復活の契機になるということは、少なくとも兵士のレベルでは、皆無だったと言っても言いすぎではない」[32]。

第一章でも紹介したイギリス人の作家・詩人のロバート・グレーヴズの『さらば古きものよ』にも、従軍チャプレンに関する記述がある。そこでの従軍チャプレンについての言及もまた、彼らの意義や重要性よりも、むしろ無意味さや軽蔑のニュアンスの方が目立っている。グレーヴズは「もし彼ら〔英国教会の従軍チャプレン〕が軍医の十分の一ほどの勇気、忍耐、その他の人間的特質を示していれば、宗教の復活はイギリス派遣軍に始まったと言えたかもしれない、と誰かが言うとみんなが賛成した」[33]と述べている。彼によれば、英国教会のチャプレンは、ときおり、砲声のとどろかない日の午後に、勇気を振り絞って前線の支援部隊を訪れたりするが、兵士たちに二、三本の煙草を配るとそそくさと帰っていくとのことで、「兵士が従軍牧師を尊敬するはずはなかった」[34]となかなか手厳しい。

ただし、カトリックの司祭は危険な地域への訪問も命じられていたようで、グレーヴズは彼らについては高く評価している。彼によれば、マンスター・フュージリア連隊のフランシス・グリーソンという陽気なカトリック司祭は、イーペルの最初の戦闘で将校が全員戦死または負傷すると、黒い徽章をはずして生存者の指揮をとり、戦線を維持したという。グレーヴズは、カトリックの従軍チャプレンが「期待を裏切ったとか、期待以上のことをやらなかったという苦情は聞いたことがなかった」と述べている。[35]

徴兵逃れ祈願

さて、このように、軍隊のなかには将兵らを支える宗教家たちがいるわけだが、その一方で、かつては軍隊に入る前の若者たちに軍隊に入らないで済むよう祈禱などをする宗教家も存在した。いわゆる「徴兵逃れ祈願」である。これも軍事に関わった宗教・宗教家の例として興味深いものである。

時代や地域にもよるが、しばしば徴兵というのは、若い男性にとっては肉体的苦痛・精神的苦痛になるものであり、またその家族に対しては経済的困難をもたらすものでもあった。そのため、それは誰もがなんとかして避けたいものであった。そこで、日本では一八七三年に徴兵令が出されて以降、人々のあいだでは合法的な徴兵忌避方法が模索されていた。その方法や手続きの仕方を解説する冊子も、半ば公然と出回っていたようである。しかし、徴兵令は改定を重ねて、かつては保たれていたさまざまな徴兵猶予が廃止されていき、やがて健康な若者が徴兵を逃れる道は徴兵くじに外れることだけになってしまった。そうした時に人々がおこなったのが、神仏にくじのはずれを祈願するという「徴兵逃れ祈願」だったのである。[36]神仏に対して試験の「合格」やくじの「あたり」を祈願するということは現在でもよくある。だが、「不合格」や「はずれ」を祈願するというのは徴兵ならではのものであり、他にはほとんど例がないものではなかろうか。

徴兵逃れ祈願についてはすでに多くの研究がある。それらによれば、どうやらこれは日露戦争以後から大正期にかけて拡大したようである。その理由は、いわゆる大正デモクラシー期における厭軍《えんぐん》的風潮もあったのだろうが、何より徴集兵卒数の急増が背景にあったと考えられる。大江志乃夫《しのぶ》によると、一八九三年（日清戦争の前年）は徴兵検査合格者約一二万人のなかから抽選で二万人（約一七％）が現役に徴集されるに過ぎなかった。ところが一九〇二年（日露戦争の二年前）になると、合格者の約四七％にあたる五万六〇〇〇人が徴集されるようになり、日露戦争が終わって五年後の一九一〇年には抽選該当者一五万八〇〇〇人のうち一〇万四〇〇〇人が徴集されるようになり、当選率は約六六％になってしまった。つまり徴兵される確率が短期間で急上昇したため、神仏へ祈願するしかなくなってその「信仰」に拍車がかかったというわけである。[37]

徴兵逃れ祈願は都市部だけでなく、全国に広がった。喜多村理子の『徴兵・戦争と民衆』によれば、例えば一九一六年の鳥取県の新聞では、関東から関西にかけて「五円以上二百円以下と云ふ大金の謝礼を貪りて祈禱せる不埒なる神官二百名」がいたとも報道されている[38]。各地で憲兵隊がそうした徴兵逃れ祈願の取締りをおこなったこともあったようである。

徴兵逃れ祈願は、個人的な徴兵忌避願望によってだけではなく、ムラ社会によってまとまっておこなわれることもあった。そして、徴兵逃れ祈願もむなしく戦場に家族や仲間を送り出すようになると、今度は「武運長久」を祈ることになったが、それも単純に文字通りの「武運」というわけではなく、つまりは「弾丸に当たらず、病気も怪我もなく、無事に帰ってこられるように」という祈りに他ならなかったようである。大江志乃夫は『徴兵制』でいくつもの神社を具体的にあげながら、「民衆にとっての武運長久祈願とは、平時の徴兵よけがそのまま戦時に移された弾丸よけ祈願であった[39]」と述べている。かつては徴兵逃れ祈願のために参拝した神社が、戦時中は弾丸よけ祈願の神社になったのである。

周知の通り、戦時中の日本では国家神道が圧倒的な存在感を示していた。だが、実際のところ、一人ひとりの兵士とその家族たちを支えていたのは、徴兵逃れの願いや弾丸よけの願いを聞いてくれる神仏だったのだ。喜多村は次のように述べ、徴兵逃れ祈願も武運長久祈願も同じ「厄除け」という同根の心性に基づいているのではないかと指摘している。

「「徴兵逃れ」と「武運長久・戦勝」の祈願。国家という座標軸からみれば相反する二つの願いではあるが、祈る人々の生活文脈の中では矛盾はなく、徴兵前には「徴兵逃れ」「くじ逃れ」の祈願を、それがかなわなければそのまま「武運長久」の祈願へ、さらに他国との戦争に突入すれば「武運長久・戦勝」の祈願へと横すべりする。徴兵されることも戦場に送られることも敵国も、直面せざるをえない身になってみれば厄難に他ならず、そこに通底するのは厄除けの心性である」[40]

「骨相」と「手相」

もう一つ、軍事に関わった宗教家として、これらとはまた別の例も挙げておこう。二〇世紀前半の日本軍では、航空機搭乗員の選別・適性検査において、骨相や手相などを見る占い師のような者が関わっていたことが知られている。

生出寿《おいでひさし》によれば、一九三六年の夏に、山本五十六は手相骨相鑑定家の水野義人《よしと》という青年を海軍航空部嘱託に採用している。当時は飛行機事故が頻発することが大きな問題だったので、水野に霞ヶ浦航空隊の採用試験において応募者の手相骨相を鑑定させ、採否の参考にしようとしたのである。当然ながらそれを非科学的だと冷笑する者もいたが、山本五十六は、手相骨相は応用統計学であって有用だと判断したとされている。[41] このあたりのことについては、阿川弘之の『山本五十六』にも詳しく書かれている。[42] 海軍パイロットだった岩崎嘉秋《よしあき》は、操縦訓練生になる際に、実際に水野義人による「検査」を受けた一人であった。岩崎は『甦った空――ある海軍パイロットの回想』のなかでそのときの様子について記している。それによれば、検査の際、まず受験生たちは顔写真を正面・右・左・真後などさまざまな角度から何枚も撮られた。その後、順番に呼び出されて、水野が受験者たちの顔をまじまじと観察しながら顔の略図が描かれた紙の眉や口元や目尻などに手ぎわよく○印や×印をつけていった。そして顔の検査が終わると、今度は両方の掌《てのひら》に黒いインクをつけられて、手相をとられたという。[43]

西洋では一八世紀後半から、脳機能と精神との関係を研究する「科学」としてphrenologyというものがあり、それは日本では「骨相学」と訳されて広まった。[44] 一八八九年の大槻文彦の『言海』では、骨相学は「頭蓋骨ノ形ヲ相テ予メ人ノ性質運命ヲ知ル術」とされている。それは最終的には疑似科学として葬り去られるが、一時期は「科学」の装いをもって、いわば占いの隠れ蓑として営まれ、ごくわずかではあるが日本の軍事にも影響を与えたのであった。

軍隊に独自の葬送儀礼

第一章でも触れたイギリスの人類学者フレイザーは、『金枝篇《きんしへん》』のなかで、一つの章を割いて世界各地の戦士について触れている。それらの例のなかでも興味深いのは、ティモール島やニューギニアの戦士、あるいは東部アフリカのバゲシュ族、アンゴニ族、ナンディ族などに見られる、敵を殺害した戦士たちが故郷へ戻ってきた際のタブーである。

これらの社会では、敵を殺害した戦士はすぐに自宅に戻ることは許されず、一定期間、村の人々から隔離されて身体と精神を清めることが義務付けられたり、食事の内容や取り方に制限が加えられたりする。フレイザーによると、「戦士たちというのは、未開人によれば、精神的な危機のなかにあるものと考えられているため、生身の敵に対しては、理性的な警戒は当然のこととしてさらにそれらとは根本的に異なるさまざまな迷信的儀式を実践せねばならない」[45]のである。彼らのあいだでは、実際の戦いの場面や遠征中の生活においてもさまざまな迷信的な行為がなされる。敵を殺害した後も、何らかの儀式等をおこなわねばならず、それが済まないと日常生活に戻ることは許されない。「死」は、当然ながら、深刻なものだからである。

ほとんどの社会では、人が死んだときに何らかの儀礼・儀式を執りおこなうのは「宗教」である。「死」に関する事柄は宗教の領分であって、宗教以外の世俗の組織がそれに関する儀式や儀礼をおこなうことはほとんどない。だが、世俗の組織としてはおそらく唯一、軍隊は、現在でも独自の死者追悼儀礼を有していることがあり、それは「軍葬」（military funeral）と呼ばれる。宗教ではない世俗的な組織が死の扱いや意味づけに一定の役割を果たすことがあるという点でも、軍隊は特殊な存在だと言える。例えばアメリカでは、軍葬について国防総省や各軍がそれぞれ資料やマニュアルを出しており、それらを通して詳細を知ることができる。[46]「陸軍規則六〇〇‐二五」によれば、軍葬とは「戦時もしくは平時にわれわれの国家の防衛に忠実につくした者に対して敬意を示す儀式、および国家としての感謝の気持ちの最後の表明」とされている。軍隊経験者の誰もが軍葬をおこなってもらえるわけではなく、さまざまな条件があり、例えば不名誉除隊の者や、罪を犯して死刑判決を受けた者、終身刑の判決を受けた者などは対象外となる。軍葬は自動的にコーディネートされるのではなく、基本的には遺族の側がそれを要請することによって準備が始められる。故人の階級や遺族の希望によってその規模や要素は変わり、また各資料においてもそれぞれ微妙に異なった解説がなされている部分も散見されるので、所属の部隊や地域の習慣などに応じて、細部については臨機応変に営まれているのではないかと推測される。だが一般には、砲車や弾薬運搬車等による棺の運搬、ラッパ演奏、弔砲・弔銃と呼ばれる空砲の発射、遺族への国旗の授与などから成っている。ラッパ演奏は「タップス」と呼ばれ、それは一八六二年にダニエル・バターフィールド将軍によって作曲されて一八七四年に陸軍で採用されたものである。

他にも、航空機による「慰霊飛行」（ミッシングマン・フォーメーション）がなされることもある。それはパイロットや航空隊関係者の葬儀、あるいは何らかのイベントの際におこなわれる編隊飛行である。それも実際にはさまざまな形態があるが、多くの場合、会場の上空に四機で侵入してそのうちの一機が急上昇して編隊から離脱するという飛び方をする。日本でも、例えば私が直接見たものとしては、東日本大震災のあった二〇一一年の千歳基地の航空祭のオープニング時に、亡くなった被災者のために、航空自衛隊F－15戦闘機による慰霊飛行がおこなわれた。

また、かつては、艦船で亡くなった将兵は衛生上の理由から水葬にされていた。そのため、いちおう今でも水葬に関する規定は残っており、例えばアメリカ海軍では、それを実施する際には陸地からどれだけ離れていないといけないとか、水深は何メートル以上の海域でないといけないとか、そういった細かなこともいちおう定められている。同じ海軍の資料には、艦船内で葬儀をおこなう必要があるけれどもチャプレンがいない場合には、指揮官もしくは指揮官によって指名された者が葬儀の司式《しき》をおこなうようにとされている。そして、その際に読み上げるべき宗教儀礼の台詞が、プロテスタント、カトリック、東方正教会、ユダヤ教、イスラーム、仏教の六種類分掲載されている。[47] 例えばカトリックの部分を見ると、聖書の「詩篇」一二九篇や「ヨハネ福音書」一一章などがそのまま載せられており、続けて祈禱文も書かれているので、それを参照すればとりあえず形のうえでは葬儀が成立するようになっている。

軍葬それ自体はあくまでも軍隊独自の儀礼であり、軍隊が伝統的宗教による葬儀をコーディネートするものではない。軍葬を実質的に取り仕切るのは、死傷者支援を担当する士官や軍葬責任者に任命された下士官なので、これは宗教的営みとはいえ、伝統的宗教の側にたつ従軍チャプレンの活動とは分けて考えた方がよさそうである。

アーリントン墓地の「無名戦士の墓」は、陸軍の第三歩兵連隊によって三六五日警備されており、これも伝統的宗教とは別の軍独自の宗教的営みだとみなせるだろう。アメリカ軍が「宗教サポート活動」と言うときは、基本的には従軍チャプレンによる伝統的宗教に基づいたものを指すが、同時にそれとは別に、軍独自の儀礼や様式もある、と認識するのが正しいと思われる。アメリカ軍内の「宗教」は、そうした意味では二重構造をもっているとも言える。日本の靖国神社は、現在は単立宗教法人であるが、アジア太平洋戦争が終わるまでは陸海軍省の管轄下にあった。当時は、軍隊が死者を追悼ないしは顕彰するという宗教的行為に直接的に関わっていたわけである。良いか悪いかは別にして、そもそも軍事が「宗教なし」で営めるものなのかどうかについて、率直に議論することも必要であるだろう。

さて、これまで本章では、従軍チャプレン、徴兵逃れ祈願、そして軍葬などについて見てきた。人々は、軍隊に入る前は「徴兵逃れ」を祈願し、入隊してからはさまざまなお守りを握りしめて無事の生還を祈った。いわゆる験担ぎをする者も多かった。従軍チャプレンたちは兵士たちを慰め、あるいは戦いの意義を説き、戦場で将兵が死ねば祈りを捧げて弔ってきた。伝統的宗教とは別に、軍葬という独自の儀礼で死者を追悼することもある。戦争・軍事は人が命と名誉を賭けて取り組むものなので、そこではさまざまなタイプの宗教的・呪術的な営みを一通り観察することができるのである。

1 内村鑑三『後世への最大遺物・デンマルク国の話』岩波文庫、一九四六年、三四～三六頁、五九頁、および、矢内原忠雄『キリスト者の信仰 Ⅷ 余の尊敬する人物・続 余の尊敬する人物』岩波書店、一九八二年、二六九～二九六頁、を参照。

2 アレッサンドロ・バルベーロ『近世ヨーロッパ軍事史――ルネサンスからナポレオンまで』石黒盛久訳、西澤龍生監訳、論創社、二〇一四年、一〇八頁。

3 B. H. Liddell Hart, *Strategy (Second Revised Edition)*, Faber and Faber, 1954, 1967. Chapter 6.

4 今井宏『クロムウェルとピューリタン革命』清水書院、二〇一八年、五六～九九頁。

5 Justo L. Gonzalez, *The Story of Christianity, vol. 2*, Harper Collins, 2010, p.180.

6 ピーター・パレット編『現代戦略思想の系譜――マキャヴェリから核時代まで』防衛大学校「戦争・戦略の変遷」研究会訳、ダイヤモンド社、一九八九年、三七頁。

7 同書、三四～四四頁。

8　ジャン・リシャール『十字軍の精神』宮松浩憲訳、法政大学出版局、二〇〇四年、三頁。

9　チャプレン用の野戦教範（Field Manual）は改訂を繰り返して現在にいたっている。本書で参照したのは、FM-1-05 Religious Support の二〇〇三年版、および二〇一九年版である。また、陸軍チャプレン科のパンフレット The State of the U. S. Army Chaplain Corps, April 2023. も米軍チャプレン科の概要を知るのに便利である。これらはいずれも陸軍チャプレン科のホームページや関連サイトにて入手できる。コンパクトなアメリカ陸軍チャプレン史としては、US Army Chaplain Center and School, *Brief History of the United States Chaplain Corps*,（http://www.usachcs.army.mil/HISTORY/Brief/TitlePage.htm）Last Revised 05 March, 2004. がある。なお、ウェブサイト The Chaplain Kit.com（https://thechaplainkit.com/）はアメリカ軍チャプレンの歴史、写真、文献など豊富な資料を大量に掲載しており有益である。

10　「四人のチャプレン」についてはさまざまな本や資料があるが、代表的なものとしては次のものを参照。Dan Kurzman, *No Greater Glory, The Four Immortal Chaplains and the Sinking of the Dorchester in World War II*, Random House, 2004.

11　Daniel L. Mode, *The Grunt Padre, The Service & Sacrifice of Father Vincent Robert Capodanno, Vietnam 1966–1967*, CMJ Marian, 2000, pp.162-166.

12　David F. Burrelli and Barbara Salazar Torreon, Medal of Honor: History and Issues, Congressional Research Service, December 19, 2013. "Veteran Returns Medal to Protest U.S. Policy," *Washington Post*, July 30, 1986.

13　ゴードン・トマス、マックス・モーガン＝ウィッツ『エノラ・ゲイ——ドキュメント・原爆投下』松田銑訳、TBSブリタニカ、一九八〇年、三九七頁。
14 同書、三九八頁。
15 Studs Terkel, *The Good War, An Oral History of World War Two*, Pantheon, 1984, p.533.
16 マイケル・ムーア『マイケル・ムーア、語る。』満園真木訳、辰巳出版、二〇一三年、三三三頁。
17 同書、三三三頁。
18 Donald F. Crosby, *Battlefield Chaplains: Catholic Priest in World War II*, University Press of Kansas, 1994, p.246.
19 小和田哲男『呪術と占星の戦国史』新潮選書、一九九八年、五〇頁。
20 同書、一〇五頁。
21 『六韜』林富士馬訳、中公文庫、二〇〇五年、八五頁。
22 今井雅晴『中世社会と時宗の研究』吉川弘文館、一九八五年、三四五頁。
23 山崎拓馬「日清・日露戦争と従軍僧・従軍神官」（荒川章二、河西英通、坂根嘉弘、坂本悠一、原田敬一編『地域のなかの軍隊 8 日本の軍隊を知る――基礎知識編』吉川弘文館、二〇一五年）二二〇～二二二頁。
24 石川達三『生きている兵隊（伏字復刻版）』中公文庫、一九九九年、六〇頁。
25 野世英水「近代真宗本願寺派の従軍布教活動」（『印度學佛教學研究』六三、二〇一四年）五二三頁。
26 鵜飼秀徳『仏教の大東亜戦争』（文春新書、二〇二二年、一一四～一一六頁）によれば、一九三八年の『文化時報』に当時の従軍僧たちによる座談会が掲載されており、そのなかにも「兵とともに弾を撃つて戦ひました」という僧侶の告白がある。
27　先行研究については、山崎拓馬の前掲論文を参照。佛教史学会編『仏教史研究ハンドブック』（法蔵館、二〇一七年）の三二八～三二九頁にも「従軍布教」というコラムがあり、近現代の日本における従軍僧の解説と先行研究の紹介がなされている。従軍僧に関するこれまでの研究の概観としては、大谷栄一「「戦場の宗教」を問う」（『歴史評論』二〇二一年八月号）もよくまとまっている。
28　小松真一『虜人日記』ちくま学芸文庫、二〇〇四年、一九五～一九六頁。
29　『宣教師ニコライの全日記（2）一八八一年～一八九一年八月』中村健之介監修、教文館、二〇〇七年、二〇九頁。
30　同書、二〇九頁。
31　ニコライと日本のロシア正教についての簡単な紹介としては、石川明人『キリスト教と日本人――宣教史から信仰の本質を問う』（ちくま新書、二〇一九年）一七五～一九九頁を参照。
32　ポール・ファッセル『誰にも書けなかった戦争の現実』宮崎尊訳、草思社、一九九七年、三五九頁。
33　ロバート・グレーヴズ『さらば古きものよ』下巻、工藤政司訳、岩波文庫、一九九九年、二三頁。
34　同書、二三頁。
35　同書、二四頁。
36　大江志乃夫『戦争と民衆の社会史』徳間書店、一九七九年、五七頁。

37 大江志乃夫『徴兵制』岩波新書、一九八一年、一二八頁。
38 喜多村理子『徴兵・戦争と民衆』吉川弘文館、一九九九年、三〇頁。
39 大江志乃夫『徴兵制』一二七頁。
40 喜多村理子、前掲書、一九二頁。
41 生出寿『ニミッツと山本五十六』徳間文庫、二〇〇〇年、二三〇〜二三一頁。
42 阿川弘之『山本五十六』下巻、新潮文庫、一九七三年、二四八〜二六二頁。
43 岩崎嘉秋『甦った空――ある海軍パイロットの回想』文春文庫、二〇〇八年、五三〜五七頁。
44 日本における「骨相学」については、長沼美香子『訳された近代――文部省『百科全書』の翻訳学』（法政大学出版局、二〇一七年）二一九〜二五〇頁を参照。
45 James George Frazer, *The Golden Bough: A Study in Magic and Religion, Third Edition, Part 2, Taboo and the Perils of the Soul,* The Macmillan Press, 1911, p.157.
46 例えば、以下の資料などを参照。Department of Defense Instruction 1300.15 Military Funeral Support, 2017. Army Regulation 600-25 Salutes, Honors, and Courtesy, 2019. Training Circular 3-21.5 Drill and Ceremonies, 2021. Bureau of Naval Personnel, NAVPERS 15555D, Navy Military Funerals, 1999.
47 Bureau of Naval Personnel, NAVPERS 15555D, Navy Military Funerals, 1999.

第三章　軍人に求められる「精神」

1　軍隊における「精神力」

宗教としてのローマ軍

キリスト教がローマ帝国で「公認」されたのは、コンスタンティヌス帝の時代、三一三年のことである。その約八〇年後、三九二年にキリスト教はついにローマ帝国の国教となった。イエスが死んでから約三六〇年の時をへて、とうとうキリスト教は体制側の宗教となり、政治的な力を手に入れた。

だが、それ以前、三世紀から四世紀初頭にかけては、まだキリスト教徒に対する迫害が繰返されていた。最後にして最大の迫害がなされたのはディオクレティアヌス帝（在位二八四～三〇五年）の時代であった。フスト・ゴンサレスは『キリスト教史』のなかで、この時代にキリスト教徒に関する問題が最初に表面化したのは軍隊内においてであったと述べている。[1] 三世紀末には多くのキリスト教徒たちが軍隊に加わることを拒否したり、あるいは抜け出そうとしたりして処刑されていた。ディオクレティアヌスの副帝ガレリウスはキリスト教徒たちの軍隊における態度を問題視し、ディオクレティアヌスを説得してキリスト教徒を軍隊から追放させた。その後もさまざまな出来事が起こり、ディオクレティアヌス帝自身もキリスト教徒に対する不信感を強めて、やがてすべてのキリスト教徒たちへの迫害へとつながっていったのである。

ただし、その時代のキリスト教徒たちが軍隊内で迫害されたり、あるいは兵役を拒否しようとしたりしたその理由は、必ずしもイエスのメッセージにあったような平和主義や非暴力主義ではなかった。むしろ、ローマ軍それ自体にある偶像崇拝的要素を警戒したことの方が主な理由だったと考えられている。三世紀には、キリスト教徒であるがために軍隊内で処刑された者たちについての記録がいくつもある。それらによれば、彼らは百人隊長などの地位にまでなりながら軍隊内で同僚から告発され処刑されたのだが、告発の理由の多くは、彼らが皇帝崇拝や皇帝の像が刻まれたものを身に付けることを拒否したとか、犠牲を捧げるべき儀礼をおこなわなかったといったことであった。当時のローマの軍隊生活は、独自の宗教的要素に満ちていたのだが、キリスト教徒たちはそれらの儀礼や慣習を拒否したため、つまりは「軍規違反」を犯したとして告発され、処刑されたのである。

ローマ軍においては、守護神ユーピテルの象徴である鷲（aquila）が描かれた軍旗は崇拝の対象であり、軍隊はその旗のもとに団結していた。兵士たちは将軍に対して厳かな宣誓をおこなっていたが、やがて将軍が自らの野心のために軍を私物化することなどが懸念され、宣誓は皇帝に対してのみなされるようになった。だがいずれにしても、その宣誓は宗教的な「崇拝」「崇敬」と言っていいものであった。貨幣には皇帝の顔が刻まれており、軍旗や鎧にも皇帝に関連する図像が描かれ、兵士たちのローマに対する忠誠はすなわち皇帝に対する忠誠であるとされた。男子が軍に入る際の儀式では、一人ひとりが自分が兵士であることを宣言して入れ墨をして、それをしている者としていない者とを区別し、そして皇帝に神聖な誓いをたてるなどした。ロバート・クナップの『古代ローマの庶民たち――歴史からこぼれ落ちた人々の生活』によれば、新兵の入隊儀礼は「新しい宗教世界に踏み入れるときの入信儀礼に見られるような印」[2]を伴うものだったのである。

ローマの軍隊には宗教的祝祭の暦もあり、さまざまな祝祭日とそれぞれにおいて捧げるべき生贄《いけにえ》なども細かく規定されていた。その暦は、兵士たちに古き神々と今の皇帝とが生の源であることを教えるためのものであったとされている。ドゥラ・エウロポス（現在のシリア東部）で見つかった三世紀初頭に軍で用いられていた暦に記されているのは、クナップによれば、「特定の神々を崇め、皇帝に嘆願し、皇帝家の一員の誕生日を犠牲によって祝い、感謝の心をもって過去の勝利の数々を記念し、そして軍団の神聖なる軍旗を祝福するといった、種々の宗教的行為」[3]であった。その暦では神格化された歴代皇帝の誕生日や即位日も祝われることになっており、その対象者の中には『自省録』で有名なマルクス・アウレリウス・アントニヌスなども含まれている。古代のキリスト教徒たちの目には、こうしたローマ軍のあり方そのものが「宗教」（=偶像崇拝）であると映ったがゆえに、兵役を拒否せざるをえなかったのである。[4]

古くから認識されていた「士気」の重要性

ヘルジランドとデイリーとバーンズによる『古代のキリスト教徒と軍隊』でも、ローマ軍は「宗教的な構造」を持っていたことについて詳しく述べられている。[5]

軍隊は新兵たちに良い兵士とはどのようなものであるかを教え、同時に、神々とその代表者たる皇帝に対する崇拝の念をどのように示すべきかについても教えた。軍旗を祝福し、皇帝に宣誓し、定められた暦に従って犠牲を捧げるという宗教的軍隊生活は、拡大しつつあるローマ帝国の領土のいたるところから集められた兵士を一つにまとめ上げ、仲間たちとの一体感を維持させるのに効果的だったのである。ローマ軍そのものの宗教性は、兵士たちが人として自然に持っていた死に対する恐怖を抑制することにも貢献した。要するに、ローマ軍の宗教的性格は、兵士たちに「規律」を守らせ、「士気」を鼓吹し、最強の軍隊にするための仕組みだったのである。

マキァヴェッリも『戦争の技術』のなかで、古代の兵士を戦わせる際は「宗教上の厳かな誓い」が重要であってそれが兵士に課されていたことを指摘している。彼によれば、ローマ人は神の権威をとおして規律を遵守させるよう「あらゆる努力を払って兵士たちに宗教心をもたせた」のである。[6]古くから軍事指導者たちが兵士たちの「士気」を重視していたのは、戦争という営みは技術や戦略だけによるものではなく、「精神」とも深く関連した営みであることを認識していたからに他ならない。

前章でアメリカ軍のチャプレン科について解説したが、彼らも自分たちの任務を将兵たちの「宗教・士気・道徳」の三点をフォローすることであると理解していた。おそらく日本で最初に従軍チャプレン制度に関する比較研究を試みた人物である自衛官の矢田部稔《やたべみのる》が書いた論文も、そのタイトルは「戦場における士気について――宗教要員の活動が士気に及ぼす影響」（一九六八年）というものであった。[7]それは矢田部が陸上自衛隊幹部学校指揮幕僚課程在籍時に書いたもので、彼自身もクリスチャンであったが、表向きは宗教研究というよりも「士気」に関する研究として従軍チャプレンの問題を扱ったのである。

宗教それ自体は、決して心理の問題のみに還元して済ますことができるものではない。しかし、戦場の宗教が「士気」と深く関連したものであることは確かである。戦争は一人ひとりの命に関わる問題であり、社会の存亡に関わる問題であり、将兵は恐怖や不安や苦痛のなかで戦争の期間を過ごさねばならない以上、精神や心理に関する問題は無視できなくて当然である。

勉強やスポーツでも、しばしば「やる気」や「気合い」や「メンタル」が重視される。過度な「根性」の重視は合理的な学習や練習のさまたげになるとして批判されるが、広い意味での「精神」が人間のさまざまな営みの成果や結果を左右することは誰もが認めるであろう。戦争においても、精神面を無視した訓練や教育では勝利を見込めない。古代から現代にいたるまで、戦争指導者たちは兵士たちの「規律」と「士気」、すなわち広い意味での精神面が磨かれていなければ、せっかくの技術も兵器もその効果を十分に発揮できないことを経験的に知っていたのである。

戦闘精神の中核となるのは

陸軍将校として太平洋戦争に従軍した山本七平は、戦後は『「空気」の研究』などの評論で広く知られるようになったが、彼には『ある異常体験者の偏見』をはじめとする日本軍に関する著作も多くある。山本はそれらのなかで、当時の日本軍のあり方について詳しく述べており、特にその精神主義的な傾向を痛烈に批判した。

山本によれば、精神力なんていうものは、測定のできない不確定要素なのだから、「ある」といえばあるが、「ない」といえばない。そんなものを重視して人間の能力を水増し評価し、あまりに過酷な行為を要求・強制される日本の将兵たちはたまったものではなかった、というのである。しかし、広い意味での「精神」を重視していたのは、決して日本軍だけではない。古今東西、これまで多くの軍人や戦争論者たちが将兵の「精神」を重視し、それについて議論してきた。

キーガンとホームズとガウによる『戦いの世界史――一万年の軍人たち』では、一つの章が「戦闘精神」（Fighting Spirit）と題されている。そこでは、南北戦争や第一次大戦などさまざまな例を挙げながら「戦闘精神」の有無によるものとしか言いようのない勝利や敗北について論じられている。彼らによれば、軍服は外見を統一するのに役立つわけだが、それはすなわち団結心を固めるためのものだとも言えるし、階級章は軍隊内の上下関係を明確にして服従を促すものである。軍事の中の多くの事柄は、将兵の精神に対する何らかの配慮によるものだと言えるのだという。そして、一八世紀フランスの軍人ジャック・アントワーヌ・ギベールが軍事訓練の目的に関して述べた次のような言葉を紹介している。

「戦闘の勝敗を決するのは、一人の人間の個人的勇気ではなく、部隊の勇猛さだ。（中略）壮麗な外見、規則正しい動作、機敏であると同時に堅固な集団――それらすべてが、兵士個々人に対して、彼が属している連隊や大隊には誰も抗することはできないという安心感と冷静な信念とをもたらすのだ」[8]

兵士たちに士気や忠誠心を抱かせる要素として、しばしば愛国心が指摘される。それは確かに戦争の初期段階においては効果を発揮するが、戦争が進むにつれてそれらの重要性は薄れるようである。愛国心に陶酔してそれを声高に叫ぶのは民間人の方で、戦場で実際に過酷な状況におかれている将兵たちが考えているのは、とにかく今日と明日を生き延びること、そして国のためというよりは故郷とそこで暮らす家族のため、そして戦友のために戦う、という意識の方がはるかに強いようである。[9]

キーガンらは同書で、第二次大戦時の日本兵が最後の一兵まで戦い、確実な死が待っていても果敢に攻撃を繰り返したその旺盛な士気を支えたのは「魂の不滅を説く宗教」[10]があったからだと述べている。日本に関するその指摘については少々首をかしげざるをえないが、一般論としては、戦場の将兵たちにとって従軍チャプレンなどによる伝統的宗教やその他さまざまな戦場の迷信の影響は無視できないものである。ただし、キーガンらによれば、宗教や迷信の類は、兵士たちを遮蔽物の陰から飛び出させて勇猛に前進させるような戦闘精神を生み出すことができるわけではないとしている。では、兵士たちが銃を持って前進する勇気を支えているのは何か。それについて彼らは、「歩兵が銃を持って前進し続けられるのは、そばに戦友がいる、もしくは戦友がいると思っているからだ」[11]というS・L・A・マーシャルの言葉を紹介し、兵士は戦友たちを信頼すると同時に、戦友たちから臆病者と見られたくないのだと述べている。キーガンらはこうしたことを念頭に、「結局のところ、戦闘精神というのは、個々の兵士と、彼らが一緒に戦う仲間たち小集団の士気という問題なのである」[12]と結論づけている。

ヨーロッパでは、火器の量と質が勝敗の決定的な鍵となることが明らかになってもなお、精神力や士気の重要性は大いに強調されていた。フランス軍でもロシア軍でもドイツ軍でも、少なくとも第一次大戦までは明らかに精神力が重視され続けた。銃剣の価値は火器がどれほど進歩しても変わらない、と主張した軍の幹部もいたようである。[13]『毛沢東語録』のなかにも次のような一文がある。「武器は戦争の重要な要素ではあるが、決定的な要素ではない。決定的な要素は物ではなく、人間である。力の対比は、軍事力および経済的な対比ばかりでなく、人力および人心の対比でもある。軍事力および経済力は、人間によって掌握されるべきである」[14]。毛沢東もまた、「人力」「人心」の重要性を説き、そちらの方が、戦争においては「決定的な要素」だと述べていた。

昭和日本軍のいささか過度な精神主義的傾向とその背景という個別の事例については、あらためて次の章で詳しく触れる。本章の以下では、これまで戦争一般に関してなされた議論における「精神」的要素の位置づけについて見てみたい。

「ギャンブル」としての戦争

カール・フォン・クラウゼヴィッツの『戦争論』[15]といえば、「戦争とは、異なる手段による政治の延長に他ならない」[16]という一文がよく知られている戦争論の古典である。まずはこれから見てみよう。

『戦争論』は原著では約八〇〇頁の大著であるが、基本的には未完の著作である。現在私たちが手にするこの本は、クラウゼヴィッツが五一歳で亡くなった後に残された草稿を妻のマリーが編集したものである。クラウゼヴィッツ自身が書き残していたメモによれば、彼はこれらの大幅な書き直しを予定していた。全体は八つの篇から成っているが、彼自身が完成しているとみなしていたのは、第一篇第一章だけだった。そもそも未完であるうえに全体は抽象的な議論であり、ところどころ曖昧で矛盾した部分も散見されるため、これまでこの本については読者によってさまざまに解釈されてきた。だが、それでも全体を注意深く読んでいけば、ある程度は著者の真意を整理することはできる。

クラウゼヴィッツによれば、「戦争は政治的交渉の一部に他ならず、それだけで独立したものではない」[17]。戦争はあくまでも「政治の道具」[18]であり、実際の戦争は「政治そのものの表現にほかならない」[19]のである。そうした意味で彼は「戦争は盲目的な激情による行為ではない」[20]とも述べている。

ただし、クラウゼヴィッツは、戦争を狭い意味での「政治」との関連のみで議論しているわけではない。[21]彼は「精神」「心」「意志」「性格」「情意」「感情」「士気」など、人間の内面的なものについてもかなり細かな言及をしており、戦争の理論においては「人間的なもの」「精神的力」を考慮に入れねばならないとはっきりと述べているのである。[22]クラウゼヴィッツ研究の第一人者であるマイケル・ハワードも『クラウゼヴィッツ『戦争論』の思想』のなかで、クラウゼヴィッツがいかに「精神力」を重視していたかについて繰り返し言及している。[23]こうした点は、決して意外なものではなく、むしろクラウゼヴィッツの基本的な戦争理解からの必然だとも言える。というのも、彼は実際の戦争というのは決して計算可能な論理のみによって進むものではないと考え、戦争を「ギャンブル」のようなものだともみなしていたからである。[24]

クラウゼヴィッツが戦争をギャンブルだとみなすのは、戦争においては「偶然」という要素が大きいからである。彼は次のように述べている。「戦争は偶然の世界のなかにある。およそ人間の活動のなかで、戦争ほど偶然という他所者《よそ》に活動の余地を与えてしまうものはない」。[25]戦争においては、情報や予測はしばしば不正確であり、同時に偶然としかいいようのない要素が不断に介入する。それゆえに、彼は「精神も常に武装していなければならない」[26]と言い切っているのである。クラウゼヴィッツは、実際の戦争における不確かな状況を埋めるのは人間の「勇気」と「自信」だとして、それらを「戦争に本質的な原理」、あるいは「軍事的美徳のうち不可欠にして最も気高いもの」とも呼んでいる。[27] 戦闘力について述べている箇所でも、彼は「物理的戦闘力」だけでなく「精神的戦闘力」ないし「精神的要素」についても考慮に入れることが重要だと述べ、両者を引き離すことはできないとしている。[28]

ただし、解釈を難しくしているのは、クラウゼヴィッツが人間の内面的要素について論じる際に用いる言葉が実に多様だという点である。彼は『戦争論』の全体で、「精神」(Geist)、「心情」(Gemüt)、「意志」(Wille)、「心」(Seele)、「感情」(Gefühl)、「士気」(Moral)、「情緒」(Regung)などさまざまな言葉を用いている。クラウゼヴィッツについては、これまでカントの批判哲学やヘーゲルの弁証法の影響が指摘されてきた。ここで注目している Geist や Wille や Gefühl といった概念も、ドイツ哲学ではさまざまに議論されてきたのでそうした文脈と全く無縁ではありえないかもしれない。だが、『戦争論』の翻訳者の一人である篠田英雄は、クラウゼヴィッツの思想への影響関係を一人や二人の哲学者に帰することには否定的な見方をしている。[29] クラウゼヴィッツの議論ではこれらの概念がどのように使い分けられているのか少々理解しにくい部分も多いが、以下では、彼が精神についてどのような考えを持っていたのかについておおよそのところを整理していきたい。

「軍事的天才」

クラウゼヴィッツは『戦争論』の第一篇で、「軍事的天才」（戦争の天才）なるものについて論じている。二一世紀に生きる私たちの感覚からすれば少々奇異な印象を受けるこの言葉は、彼が広い意味での「精神」をどのように捉えようとしていたかを知るうえでは重要なポイントとなる。

まず彼は、戦争という独特な営みを上手く遂行するためには、「知性」と「情意」において素質がなければならないとし、優れた「知性」と「情意」を併せ持つ「精神」に対して「天才」という名が与えられるとするのである。「天才」という言葉はクラウゼヴィッツの時代にもすでに少々曖昧に使われていたことを彼自身も自覚していたようだが、彼はその言葉を、何らかの行動をとるうえで極めて高度に発展した「精神力」と解することにすると述べている。「軍事的天才」においては、「心の力」が軍事的活動に集中していなければならないが、単に「武勇」が求められているというだけではなく、戦争に向いた「情意」と「知性」とを調和をもって合一していなければならないとされる。彼は「精神」や「心」という言葉を用いながら「軍事的天才」について説明しようとするのだが、同時に「知性」の重要性についても繰り返し述べている。クラウゼヴィッツは、粗野な国民は好戦的精神は旺盛だが、彼らのなかから真に偉大な将帥が現れたためしはないとも述べ、優れた軍事的天才には「知性の力」が必要であると主張する。つまり、戦争にふさわしい「精神」や「心」に十分な「知性」が合一していることが、彼の言う「天才」の条件なのである。

一般に、「精神」や「情意」や「心」といったものは、身体的・物理的なものと対置される。日本語で「精神論」という場合は、今では非科学的で非合理的な発想という否定的なニュアンスが込められていることが多い。確かにこの『戦争論』でも、攻撃において物理的な面が不足していたら精神的な面でもって不利を補わなければならない、という主旨のことが述べられている箇所もある。だが、それは「勝負を決める戦場での攻撃」（第七篇第一五章）について論じるという文脈におけるものであって[30]、この著作全体をとおしてのクラウゼヴィッツの趣旨としては、精神的な要素は決して単に物理的不足を補うためのものとされているわけではない。彼が「精神」「情意」「心」などに言及する際、それらは決して非合理的、非科学的な認識や力（いわゆる「根性」「信念」など）について述べているわけではなく、あくまでも「知性」（Verstand）と不可分なものとして捉えられているという点が重要である。まずはこの点をおさえておきたい。

軍人に求められる「勇気」について

軍人に求められる精神的な資質として、しばしばあげられるのが「勇気」である。クラウゼヴィッツもやはり「勇気」という要素を重視し、その概念については少々込み入った議論をしている。

クラウゼヴィッツによれば、「勇気」にはまず二つのタイプがあるとされる。一つは個人的な危険に際しての勇気で、もう一つは責任を負う勇気である。彼は、ここではそのうちの前者について考えることにすると述べたうえで、それをさらに二つに分けてみせるのである。まず一つ目は、危険に対して無頓着であるようなことを指し、それは個人的な気質によるものかあるいは習慣のようなものか、いずれにしても恒常的な状態であるとされる。そして二つ目は、積極的な野心や愛国心やその他の熱狂などの結果として生じるもので、それは情意や感情と言うべきものであるとされる。彼はこれらのうち、一つ目の方が二つ目のものよりも確実なものであるとする。というのも、一つ目の方はその不屈さにおいて、二つ目の方はその大胆さにおいてそれぞれ互いに優《まさ》っているものの、前者においては知性が常に冷静であるのに対し、後者においては知性が曇らされることがあるからである。そこで彼は、この両者が合一したものこそ「最も完全な勇気」なのだとする。つまり彼においては、「勇気」を軍人にとって第一に重要な特性であるとしつつも、そして情意に基づく大胆さの意義も認めつつも、決して「知性」の働きを阻害するようなものであってはならないとされる。「勇気」とは決して単なる無謀な賭けに出る姿勢なのではなく、あくまでも「知性」がともなったものでなくてはならないのである。

戦争では心身両面での困苦がともなうので、戦争をするうえでは「身体的な力」のみならず、「心の力」も求められる。だが彼は、それだけでは不十分だともいう。クラウゼヴィッツによれば、軍事的行動の基礎をなすもののうち四分の三は不確実な霧に包まれているので、戦争では緻密で透徹した「知性」も求められるというのである。確かに非凡な勇気が状況を打開したり、平凡な知性が偶然うまく物事を運んだりすることはある。だが、良からぬ結果が生じる場合はたいてい「知性」の不足によるという。彼が「心の力」や「勇気」の重要性を指摘するとき、それは決してそれらでもって物資や知性の不足を補おうという趣旨なのではなく、あくまでも「知性」の働きが大前提になっているのである。

「精神も常に武装していなければならない」

先ほど、クラウゼヴィッツの「精神も常に武装していなければならない」という言葉を紹介したが、そう述べる際、彼は二つの要素が不可欠だとも付け加えていた。一つは、先が見えにくい時も真理に向けて内的な光を投げかけるような「知性」であり、もう一つは、そのかすかな内的光に従うところの「勇気」だという。[31] こうした文脈からすると、彼において「知性」(Verstand)と「勇気」(Mut)は、ともに「精神」(Geist)という広いカテゴリーの内部に位置づけられているようにも読み取れる。

では、クラウゼヴィッツはどのような意味で「知性」という言葉を用いているのだろうか。特にカント以降のドイツ哲学では、ここでこれまで「知性」と訳してきたVerstandの訳語としては「悟性」も用いられてきた。だが、彼はこの著作のなかでカントおよびそれ以降の哲学者の名前は一切出しておらず、また日本語では哲学以外の文脈で「悟性」という言葉はまず使われない。これは英語ではunderstandingに相当するので、嚙み砕いて言えば「理解力」「知力」のことであろうが、ここでは彼がその語を用いる際の文脈を踏まえて「知性」と訳すことにしたい。

クラウゼヴィッツはその「知性」を、フランス語のcoup d'œilという言葉で表すこともできるとしており[32]、そこでは迅速にして正確な決断という意味で解され、例えば適切な攻撃点をただちに見極めることなどであるとされている。それはつまり、一般には長時間かけないと把握できないようなものを迅速かつ的確に把握しうる能力のことである。ここで興味深いのは、そこでは「肉体の眼」だけでなく「精神の眼」のことも指しているとされており、「知性」と「精神」が独特な形で結び合わされていることである。こうした点は、「勇気」について述べている部分でも同様である。クラウゼヴィッツが不可欠な二つの要素として「知性」と並べてあげている「勇気」とは、別の言葉でいえば「決断力」（Entschlossenheit）であるともされている。そのような意味での勇気は、自身の身体的危険に対する勇気ではなく、「責任を負う勇気」

ないしは「心の危険に対する勇気」であり、それは「知性」から発するものだというのである。

人は思慮よりも感情に左右されることが多いので、「知性」はまず決断力という意味での勇気の感情を喚起し、それによって支えられねばならないと彼はいう。極めて怜悧《れいり》な知性をもっていて、かつ困難を引き受ける勇気もあるのに優柔不断な人もいるが、クラウゼヴィッツによれば、そうした人においては広い意味での勇気と洞察とがバラバラで、両者が統一されていないために決断力（としての勇気）も生じないのだという。決断力とは、大胆さが求められていることを自覚して自らの意志をそれに向けていくという「知性」の働きによって生じる。こうした「知性の独特な方向性」が決断力を生むので、したがって、「わずかな知性しか持たない者は決断することができない」[33]のである。彼は、自分が問題にしているのは「瞑想的な力」ではなく、あくまでも「知性の独特な方向」なのだと強調している。

またクラウゼヴィッツは「決断力」に続いて「冷静さ」にも触れている。戦争では予期しない事が多く発生するものだが、この「冷静さ」とは突然の出来事にも適切に対処できる能力のことである。ただし、こうした重要な特性を生じさせるうえでも、やはり「情意」だけでなく「知性」が欠かせないとされる。咄嗟《とっさ》の場合に適切に判断し手段を講じるには、バランスの取れた「情意」に加え、機転の利く「知性」も必要だからである。「冷静さ」も「勇気」と同様に、単なる心の持ち方のような問題ではなく、「知性」と分かちがたく結びついたものとして捉えられているわけである。

「宗教」や「死」や「命」については言及しなかった

このように、クラウゼヴィッツにおいて、精神的な要素と知性との結びつきがどのように考えられているのかは、いささか晦渋《かいじゅう》ではあるが、彼なりに熟慮されていた事柄であることは確かである。それは彼が「堅固」(Festigkeit)と「毅然《きぜん》」(Standhaftigkeit)について述べている箇所にもあらわれている。

「堅固」と「毅然」とは、一見したところほぼ同じような人間の性格、ないしは心の姿勢を指す言葉であるように思われる。だが、彼によれば、「堅固」とは意志の抵抗をその強さの点で言うものであるのに対し、「毅然」は意志の抵抗をその継続性の点で言うものであるという点で、明確に区別されねばならないというのである。そして「堅固」の基盤は強い「感情」であるのに対し、「毅然」の基盤は「知性」だとされる。これ以上詳しい解説はなされていないが、やはりここでも「知性」との結びつきが強調されているのである。

さらに加えると、クラウゼヴィッツは「心情」(Gemüt)の強さ」、ないしは「心」(Seele)の強さ」についても説明している。それは、興奮のさなかにあってもなお「知性」に従って行動することのできる能力のことだとされる。彼によれば、激しい情意のなかでも知性に従おうとする「自制心」が情意そのもののなかにあり、それによってバランスを保つことこそ「高貴な矜持《きょうじ》」なのである。[34] 確かにクラウゼヴィッツは、「指揮官は自らの判断を固く信頼し、波を砕く岩石のように屹然《きつぜん》としていなくてはいけない」などとも言っている。[35] だが、彼が『戦争論』の全体において「精神」「情意」「感情」「心」などについて触れるとき、それらは決して単なる豪胆さや根性の類を求めているわけではないことは明らかである。それらは、むしろ「知性」の活動を支え補強するものであり、「知性」と不可分な要素として考えられているのである。

ところで、クラウゼヴィッツのこうした議論を見ていくと、彼が議論した内容だけでなく、議論しなかったことは何だったかについても覚えておくことが重要であるような気もしてくる。彼は「精神」や「心」については妙に細かく複雑な議論をしたが、それにもかかわらず「宗教」の問題については全く言及しなかったし、「死」や「命」の問題についても触れなかった。『戦争論』が書かれた一九世紀前半の欧州ではまだキリスト教の影響力が非常に強かったので、本人の信仰の有無や好き嫌いに関係なく、現実問題として、宗教は無視できなかったはずである。戦争が私たちにとって深刻な問題であるのは、それが大勢の「命」に関わるからだ。そうでなかったら、そもそもクラウゼヴィッツ自身も戦争という問題について深く考察をすることはなかったはずである。彼は、戦争とは「社会生活の領域」に属する事柄であると述べ[36]、それを哲学的に議論しようとした。ところが、それにもかかわらず、彼は結局、「死」の問題についてはほとんど触れなかった。

　こうした点は、この生粋の軍人の戦争観や人間観の、何か根本的な部分を暗示しているようで興味深い。というのも、次章で扱う昭和の日本軍においては、戦争や軍事について論じるうえで、むしろ過剰なまでに「死」について触れられているからだ。後で詳しく見ていくが、日本軍においてはクラウゼヴィッツとは全く異なり、「統帥ニ関スル学理」は、すなわち「『死』ニ関スル学理」であるともみなされていたのである。[37]

勇気と名誉と機関銃

　さて、やや抽象的な話が続いたので、いったん少し具体的な話に変えよう。

　新しい武器、優れた武器があれば、戦争では有利になる。だから当然ながら軍人は、新しい武器、優れた武器に憧れ、それを手に入れたがるはずだと思われる。ところが、武器に関する人間の判断や行動は、必ずしもそう単純なものではなかった。戦争という生死にかかわる重大な営みにおいてさえ、いや戦争という特殊な営みだからこそ、人間は目の前の現実よりも、慣習や、願望や、偏見や、美徳など、一見非合理的なものにこだわりながら考えたり行動したりしてきたのである。そうした例の一つとして、機関銃が発明されたばかりの時代の軍人たちの反応があげられる。

ジョン・エリスは『機関銃の社会史』で、一九世紀の軍人たちが機関銃の圧倒的な威力にもかかわらず、しばらくはなかなかその新兵器の価値を認めず、受け入れようとしなかったことについて解説している。エリスによれば、「軍事技術の歴史においては、特定の社会集団に共通の願望や偏見が、性能という直接的な問題に劣らず重要」[38]なのである。彼の議論の一部を紹介しよう。

一八六二年、リチャード・ガトリングが多くの銃身を束ねた構造の手回し式機関銃を発明した。車輪付きの銃架に載せないと運べないほど重く、人が手でクランクを回すことで連射する構造だったが、それでも毎分二〇〇発の弾丸を撃つことができた。後にガトリング・ガンと呼ばれるようになったもので、最初期の機関銃の一つである。それから二〇～三〇年後、ハイラム・マキシムやジョン・ブローニングらによって、引き金を引き続ければ連射ができる全く新しい構造の機関銃が発明された。それらはさらに改良が重ねられ、やがて発射速度は毎分五〇〇発にもなった。人類は一九世紀後半に、それまでのマスケット銃とは比べ物にならない威力の武器を作り上げたのである。

クラウゼヴィッツが『戦争論』で述べたように、戦争が「政治の延長」「政治の手段」に他ならないのであれば、軍人はどんな手を使ってでも、とにかく戦闘に勝とうとする。そしてそのためには、とにかく強力な武器を持っている方が有利である。ところが不思議なことに、一九世紀のヨーロッパやアメリカの士官たちは、すぐにはその「機関銃」という新しい強力な武器には興味を示さなかった。その理由は、エリスによれば、一九世紀の士官たちにとって戦争の主役はあくまでも人間でなければならなかったからである。戦争で勝負を決するのは、一人ひとりの勇気であり、努力であり、胆力だった。高い士気と愛国心を持ち、覚悟を決めて不屈の精神で戦うことこそが美徳であり、着剣したマスケット銃を手にしての突撃、あるいは馬にまたがっての突撃は、栄光に満ちた武勇を示すチャンスでもあったのだ。そのような戦争観の持ち主たちの目には、機関銃は個人の勇気や努力を問答無用で吹き飛ばしてしまうため、下品で、アンフェアで、忌まわしいものと映ったのである。

当時、複雑な鉄の機械は新しい産業社会の象徴でもあったが、伝統を重んじる紳士階級出身の士官たちにとって、それらは従来の社会秩序の崩壊を予感させるものでもあった。そして彼らにとって機関銃の威力は、それまでの「戦争」概念をくつがえし、自分たちの社会的優位と自信を揺るがすものであるように感じ、さらに、精神的なものに対する尊重の姿勢を無意味なものにしてしまうという意味で「非人間的」なものだともみなされたのである。産業革命から取り残され、社会的・技術的進歩から孤立する傾向にあった士官たちは、マスケット銃と銃剣と馬に固執し、軍隊内でもそれまでの伝統的な価値観や生活様式を残そうとした。現に毎分何百発もの弾丸を発射する新兵器を目にしても、それでもなおそれを受け入れることはできず、無視しようとしたか、あるいは軽蔑しようとしたのである。

こうした傾向は、決して彼らが機関銃の威力を知らなかったからではない。ヨーロッパ人やアメリカ人たちは、一方では機関銃の威力をしっかり認識し、自らその効果を証明してもいた。というのも、その新しい武器は「非人間的」であるがゆえに、アフリカやアジアなどの植民地で抵抗する先住民たちを蹴散らす際には躊躇なく使用することができたからである。わずかな人数の植民者や兵士が、抵抗する多くの先住民による反乱を鎮圧して広大な土地を管理するうえで、機関銃は実に便利な道具だったのだ。もし機関銃がなかったら、一九世紀から二〇世紀にかけてのヨーロッパによる植民地支配の形は大きく変わっていただろうとも言われている。エリスによれば、植民地での「野蛮人」に対する勝利を、白人たちはあくまでも自分たち自身の優秀さによるものと考え、単に優秀な武器のおかげだったとは認めようとしなかった。こうして機関銃は人種的蔑視・植民地支配・虐殺と結び付けられたがゆえに、なおさら西洋文化における正統な軍事とは切り離される傾向にあったのである。

勇猛果敢な突撃への憧れ

確かに、すでに南北戦争（一八六一〜一八六五年）や日露戦争（一九〇四〜一九〇五年）では機関銃が使われ、ヨーロッパの観戦武官や従軍記者たちもそれらの威力を目の当たりにしていた。[39] しかし、それにもかかわらず、イギリスやその他の国の軍隊でも機関銃は第一次大戦の勃発まではなかなか日の目を見なかった。南北戦争を経験したジョージ・アームストロング・カスター将軍でさえ、後のリトルビッグホーンの戦い（一八七六年）では、分解・運搬を可能にした四丁のガトリング・ガンの携行を許さず、結果として約二六〇名もの部下を死なせ、自らも戦死している。

日露戦争に観戦武官としてやってきたイギリスのイアン・ハミルトンは、適切な位置に設置された機関銃は圧倒的な力をもつことを認め、機関銃を前にして騎兵に出来ることといったら歩兵の飯を炊くことぐらいだとさえ報告していた。だが、それでも本国のイギリス軍士官たちは地球の裏側でなされたその戦闘の現実を受け入れることができず、勇猛果敢な突撃こそが勝敗を決するべきだという昔ながらの理想や願望を抱き続けたまま、第一次大戦を迎えたのである。[40]

第一次大戦が始まる寸前まで、フランス軍もドイツ軍も、歩兵の訓練教則本ではひたすら攻撃精神を重視して銃剣突撃を要求しており、イギリス軍も騎兵の訓練教則本では馬による突撃の効果を力説していた。[41] 実用的な機関銃が誕生して二〇年以上もたち、それらがどのようなものかをその目で見てもなお、軍人たちは刀剣と馬で戦いたいという願望をあきらめることができなかったのである。もちろん、なかには機関銃の重要性を主張する士官もいたが、彼らの声が軍全体を動かすにはいたらなかった。

フランス軍が機関銃を採用したのは一九一〇年になってからであり、イギリス軍も第一次大戦開戦時にはまだ各大隊に二丁しか配備していなかった。ドイツ軍は、運用の仕方が他の二国とは違ったようだが、当初の保有数は他とあまり大きくは変わらない。第一次大戦が始まると、ようやくフランス軍もドイツ軍もイギリス軍も、わずかな数だけ持っていた機関銃の威力を認めざるを得なくなった。初期の戦闘では、たった二丁の機関銃で二個大隊の一万五〇〇〇人が足止めされたという記録も残っている。

そこで、各国は慌てて機関銃の数を増やし、機関銃手の育成を急いだ。そうした結果、この戦争は悲惨で過酷な塹壕戦になってしまい、塹壕からにらみ合う膠着《こうちゃく》状態を打破するためのさらなる新しい兵器として戦車も開発・投入されるようになり、武器開発は急速にエスカレートしていったわけである。悲劇だったのは、それでもなお士気ばかりを重んじる精神主義的な士官が少なくなかったため、歩兵たちが幾度も無意味な突撃を命じられたことである。「非人間的」な武器を嫌った士官たちの理想や夢想が、かえって多くの味方を死なせてしまったのだ。

戦争や軍事においては、人は必ずしも科学的合理性を第一にするわけではない。信念や美徳の方を優先することがあり、偏見に惑わされることも珍しくない。「勇気」「名誉」「覚悟」「努力」「使命」など、美しく崇高な理念、およびそれらと結びついた思考や行動を尊重する人間は、それらが明らかに現実と矛盾するようになっても、現実の方を無視したり軽視したりして認知的不協和を軽減させることが珍しくないのである。

非難された新兵器

新しい兵器に対する批判や非難は、機関銃に対してだけなされてきたわけではない。他には、例えば気球が非難されたこともある。人間を乗せた気球が初めて空に浮かんだのは一七八三年だが、早くもその約一〇年後、一七九四年にフランスで気球兵中隊が編制された。ライト兄弟が有人動力飛行に成功する一〇〇年以上も前である。これによって革命軍は空からオーストリア軍の配置を偵察し、航空偵察によって戦場での勝利をもたらした初のケースとなった。

　ところがオーストリア軍は、気球を用いて偵察を行うことは「紳士的ではない」「戦争のルールに反する」として強く抗議したのであった。[42] もちろん、オーストリア軍もいつまでもそんなことを言っていたわけではなく、やがてイタリアとの戦争のときには考えを変え、二〇〇基もの無人気球にタイマー投下型爆弾を載せて飛ばすようにもなるのだが、それも一八四九年になってからのことであった。

　それよりさらに昔、クロスボウが禁止されたこともある。カトリック教会は一一三九年のラテラノ公会議で、キリスト教徒がキリスト教徒に対してクロスボウを使用することを禁じたとされている。これについてはウィリアム・H・マクニールの『戦争の世界史』をはじめ、多くの歴史学者が言及しているので一般にもよく知られている[43]。これは公会議の決議文第二九条の「神が忌み嫌う武器」の使用禁止を指しているのだが、実際の文面では、「投石機や弓矢を扱う者たちの技術」をキリスト教徒に向けることは禁じる、という少々曖昧な書き方でもあるので、本当にそれが現在でいうところの「クロスボウ」を指していたと断定できるのかどうかについては、あらためて確認が必要かもしれない。だが、いずれにしても、当時はその武器が脅威とみなされたこと自体は間違いない。

　クロスボウは弓矢と同じ原理の武器だが、機械的発射装置を備えたものである。その特徴の一つ目は、それまでの一般的な弓で飛ばす矢よりも太く重い矢を飛ばすことができる点、つまり威力が強い点にあった。そして二つ目の特徴は、腕力が弱かったり幼少期から訓練を受けていなかったりする者でも、わずかな期間の練習で高い精度をもって命中させられるという点にあった。それを使えば、平民でも貴族が身につけている金属製の甲冑を貫くことができたという点で「民主的」な武器だったのである。要するに、その武器は勇気、名誉、覚悟といった精神的な美徳を無効にし、さらには社会のあり方を変えてしまう可能性さえあるとみなされたため、支配者層はそれが普及してしまうことを警戒したのである。

2　「士気」と宗教

ジョミニにおける「精神」と「士気」

クラウゼヴィッツとほぼ同世代で、彼と並んで重要な戦争論者とされているのがアントワーヌ・アンリ・ジョミニである。ジョミニも戦争においては精神的な要素が極めて重要であることを論じている。

ジョミニの『戦争概論』[44]でまず注目したいのは、彼が戦争を「術」（art）として捉えている点である。この本の冒頭は「戦争の術というものは……」[45]という一文で始まっており、また最終章の冒頭も「戦争というのは、全体としては学（science）というよりもむしろ術である」[46]という一文で始まっている。戦争を「術」として捉えることそれ自体は、特に珍しいものではない。例えば、クラウゼヴィッツも『戦争論』でかなり詳しく戦争と「術」（Kunst）の概念について論じているし、[47]中国の『孫子』も英訳のタイトルはThe Art of Warとされるのが一般的である。日本でもその著書が多く翻訳されているイスラエルの戦争研究者マーティン・ファン・クレフェルトによる戦争の歴史に関する一般向けの本にもThe Art of Warというタイトルのものがある。戦争とは「術」「アート」であるという理解は広く共有されていると言ってよい。これまでその言葉に込められてきた意味については慎重に考察する必要があるが、ジョミニにおいて戦争が「術」であると強調される際には、戦争では人間の内面が極めて重要だという認識とも堅くつながっていると考えられる。彼はその著書の結論部分で次のように述べている。

「戦闘というのは科学的なものの組み合わせとはまったく別のものである。それはそもそも劇的なものであり、個人的な資質や、ひらめきや、その他さまざまなものが支配的要因になることが多い。大衆を興奮させて衝突に至らせるような熱情、そうした大衆の好戦的性格、指揮官たちの活力と才能、その国や時代の武勇の精神など、つまりは戦争の詩や戦争の形而上学と呼ばれるものが、戦闘の結果を永続的に左右するのである」[48]

このように、戦争の「術」を論じる著書の結論部分で、「資質」「ひらめき」「熱情」「好戦的性格」「活力」「武勇の精神」などといった言葉が並べられ、それらを「戦争の詩」「戦争の形而上学」とも表現していることは興味深い。ジョミニはそれぞれの言葉の細かな定義などはしていないけれども、そういった言葉でしか指し示すことのできないものこそが「戦闘の結果を永続的に左右」すると強調しているのである。彼によれば、軍の高級士官の「士気」が戦争の運命を左右する。もちろん士気が旺盛でも作戦が失敗することはあるが、しかし「軍の士気が低いならば、どんな戦術の型式をとろうとも勝利を手にすることはできない」[49]としている。これが彼の主著『戦争概論』における極めて重要な指摘の一つなのである。

ジョミニによれば、軍の編制のためにどんなに立派な規則を作っても、人々のなかに「軍人精神」がつちかわれていない限り何の意味もない。その際にジョミニが例に出しているのがやはりローマ軍で、その軍隊が威風堂々として最強を誇っていたのは、「彼らの制度によって育まれた市民的美徳と軍人精神との一致」[50]があったからに他ならないとされている。また彼は、そうした軍人精神を育むための方法として、軍に対して社会的、公共的にできるかぎりの温かい配慮をしてやったり、軍人に何かしらの優遇措置を設けてやったりすることなどもあげている[51]。彼によれば、「厳正なる軍隊は、敬意を払われ、栄誉を与えられなければならない。これは優秀で才能のある軍人を確保しておくための唯一の方法」[52]なのだ。戦闘そのものに関してだけではなく、軍隊における人事や採用といった問題のうえでも、軍人への敬意や栄誉は無視できない要素なのである。

ところで、ジョミニは、「軍の熱狂」と「軍人精神」はそれぞれ異なったものであり、同じ効果を生むものではあっても両者を混同してはいけないとしている。彼によれば、「軍の熱狂」は、政治的・宗教的な性格もしくは愛国心からの一時的激情によってもたらされるものである。

それに対して「軍人精神」は、指揮官の力量と軍事制度に由来しているもので、そちらの方がより恒常的なものだとしている。[53] そして、特に将校においては、服従、勇敢、職務への忠誠が何より重要で、それらをなくしては栄誉が得られないばかりか軍が軽んじられてしまうという。将校たちのあいだにおいては、「逆境のなかにおける堅固な姿勢は、成功のさなかの熱狂よりも、一層誇り高いものであるという信念」[54] が堅持されていなければならないとしている。

ジョミニはその他の箇所でも、将軍としての最高の資質として、重大な決定を下しうる「高度な道徳的勇気」や「危機にたじろがない身体的勇気」をあげている。さらに、「威厳」があること、「公正」であること、「正直」であること、「他人の長所をうらやんだりせず、むしろそれを尊重できること」などをあげている。[55]「その人の人格こそが、総司令官に必要なもののなかで最重要」[56] なのである。

ジョミニによれば、優れた軍隊はありきたりの将軍に指揮されても立派な功績をあげるが、劣った軍隊も優れた将軍に指揮されれば立派な功績をあげるという。ただし、彼が精神的要素を重視する際は、必ずしも高級将校だけを念頭においているわけではない。別の箇所では、敵国民衆の激烈な熱情や敵愾心《てきがい》は侮りがたいものであるから、軍も政府もこれを鎮静するため力を尽くさなければならないと述べ、また同時に、自軍の将兵の熱狂を鼓吹することも重要だとしている。[57]

「諸子は死に方を習うためにここにいる」

軍人の精神教育についてはすでに多くの研究があるが、興味深いものの一つは、イエルク・ムートが『コマンド・カルチャー——米独将校教育の比較文化史』で触れたドイツの事例である。

ムートによれば、ドイツで陸軍幼年学校や士官学校を卒業した者がさらに上級の軍事学校に入る際は「人格」についての評定を受けるのだが、外国の論者はしばしばドイツ語における「人格」の意味を誤解する傾向にあるという。それは次のようなものでは「ない」として、彼は「義務の達成」「服従」「名誉観念」「自主独立性」「質素倹約」「真実を尊ぶ精神」「清潔の維持」「秩序尊重」などを挙げている。では、軍の幹部たちが重視したのは何かというと、まず「意志力」（Willenskraft）であり、それは「将校の模範たろうとする意志、どんな任務でも達成しようとする意志、敢えて戦術的決断をなす意志、思ったことをはっきり言う意志、プレッシャーのもとでも泰然としていられる意志」といったものをすべて含むものだという。もう一つは「責任意識」（Verantwortungsbewußtsein）で、それは「おのが振る舞いが将校団とヴェーアマハト〔軍〕に対して責任を負うものであることを自覚し、いつ、いかなる状況にあっても将校として行動しようとする意識」であり、例えば「危機にあっては完全を要求する上官である一方、父が息子に接するように部下の面倒を見てやり、適切な扱いをする」ものでもあるとされる。そして最後が「戦士の精神」(kämpferisches Wesen)で、それは「どんなに不利であろうと戦い、戦闘を希求し、最先頭にたち、必要とあれば死を恐れないこと」であるという。[58]

ムートはそこで、アメリカの将校教育との比較として、宗教の有無について触れている。彼によれば、アメリカ陸軍において新しい人格形成という課題は宗教(具体的にはキリスト教)が直接大きな役割を果たしている。しかし、ドイツ将校団にもアメリカと同様にプロテスタントが多いにもかかわらず、宗教は軍人の内面的部分の教育において何の役割も演じていないと指摘している。まさにカルチャーの違いである。だが伝統的な宗教と連続していようがいまいが、軍のなかで特定の「人格」が求められたことは多くの国や時代で共通している。

また、ムートによれば、あるドイツの陸軍士官学校の校長は新入生に対して「諸子は死に方を習うためにここにいる」と訓示をした例が複数確認できるという。軍における人格教育・精神教育が一般の学校におけるそれとは異なるのは、やはり「死」について明確に言及することかもしれない。

先ほど見てきたように、ジョミニは戦争に関わるすべての人々において精神的な要素がいかに重要であるかを繰り返し論じていた。しかし、それにもかかわらず、彼もまたクラウゼヴィッツと同様に、宗教的倫理および「死」や「命」の問題に触れることはなかった。別にそれに関する是非を問題にしたいのではない。次章で見ていく日本軍では、逆に過剰なまでに「死」に言及する傾向があったので、まずはあらかじめ、ジョミニやクラウゼヴィッツの戦争論では「死」の問題にはほぼ触れられることなく戦略や統帥について論じられているということを確認しておきたかったのである。

重装歩兵ソクラテス

では、次に、軍人が「勇気」や「死」についてどう考えてきたかについて検討するための糸口として、ソクラテスに目を向けてみたい。ソクラテスといえば「無知の知」(不知の自覚)で知られている古代ギリシアの哲学者であり、ここで急に彼の名前が出てくるのは少々唐突だと思われるかもしれない。だが、実は彼こそこの問題に関して注目に値する人物だと言ってもよい。なぜならば、ソクラテスはかつて重装歩兵として戦争に参加したことがあり、彼の戦場における立派な佇まいも称賛されていて、しかも彼による「勇気」や「死」をめぐる議論も残っているからである。

ソクラテスは紀元前四六九年の生まれで、七〇歳で死んだ。イエス・キリストより約四〇〇年前の人物である。一般には、少々変わり者だが知的で謙虚な老人というイメージのあるソクラテスだが、彼はその生涯において幾度も戦争に参加して、過酷な戦場を経験している。

一回目は、三七歳の時である。それはデロス同盟を破ったポテイダイアの攻囲戦であった。その時のソクラテスの様子に関しては『饗宴』のなかでアルキビアデスの口によって語られている。アルキビアデスは従軍中のソクラテスを絶賛し、「ここでまず触れるべきは、苦しい状況に耐えるこのひと〔ソクラテス〕の忍耐力だ。それは、ぼくだけでなく、ほかのすべての人を凌ぐものだった」[59]と述べている。アルキビアデスによれば、食糧不足に悩まされてもじっと耐えることができたのはソクラテスだけで、彼は氷の張った地面の上を裸足で歩くなど、冬の寒さに耐える忍耐力もすごかったという。そして、アルキビアデスが負傷したときも、ソクラテスは彼を見捨てずに命を助けてやり、彼の武具も守ったうえで、さらに手柄を彼にゆずって彼が勲章を得られるよう指揮官たちにはたらきかけたのだった。ソクラテスの一兵士としての忍耐力、戦闘における勇気、そして名誉を求めたりしない気高さなどが、同じ戦場にいた人物によって証言されているわけである。

この一回目の出征の翌年から始まったペロポネソス戦争は、アテナイとスパルタをそれぞれの盟主とする民主制の国々と反民主制の国々のあいだで戦われたもので、国内の党派抗争と対外戦争がからみあった複雑で過酷なものだった。ソクラテスの後半生、および彼の弟子プラトンの青少年時代は、このペロポネソス戦争とほぼ重なっている。プラトンが生まれたのはソクラテスが四二歳の時で、それはペロポネソス戦争が始まってから五年目にあたる。約二七年間にもわたるその戦争がようやく終わったのは、ソクラテスが死ぬ約五年前のことであった。ソクラテスが街頭などで人々を相手に人間の善い生き方について対話するようになったのには、三七歳の時からの戦場体験と、その直後からのペロポネソス戦争といった時代状況も無関係ではなかったであろう。

二回目の出征は四五歳の時で、ソクラテスが関わったのはボイオティア地方東端の要地デリオンの占領作戦だった。しかしこの作戦は失敗に終わって退却を余儀なくされた。敵軍の追撃は激しかったようだが、ソクラテスは退却の際に最も危険な殿《しんがり》（最後尾）をつとめたと伝えられている。その時の彼の落ち着いた勇気ある振る舞いについて、将軍ラケスは「もし彼〔ソクラテス〕以外のほかの者たちも彼のように振る舞うことを望んでいたならば、我々の国は安泰で、あのときのあのような憂き目にあうことはけっしてなかっただろう」[60]と証言している。またアルキビアデスも、その時のソクラテスの冷静さと勇敢な様子について褒め称えている。[61]三回目の出征は紀元前四二二年、ソクラテス四七歳の時で、それはスパルタ軍に攻略された北部バルカンの重要な都市アンフィポリス奪還を目的とした遠征軍への参加だった。[62]

ソクラテスの兵士としてのキャリアはおおよそ以上の通りで、要するに、彼は三七〜四七歳のあいだに三回ほど重装歩兵として戦い、過酷な戦場を経験して、そのときの振る舞いは兵士として実に立派だったと伝えられているのである。

「勇気」とは何か、という問い

では、そんなソクラテスは「勇気」についてどう考えていたのだろうか。それを知るための手がかりは、プラトンによって書かれた『ラケス』である（以下、引用はすべて三嶋輝夫訳）。

プラトンの『ラケス』は、ある人物が重装武闘の演武に将軍ニキアスとラケスを招き、自分の息子たちについて「どのように教育されればもっともすぐれた者になれるか」「彼らが何を学んだり、何に励めば、もっともすぐれた者になれるか」と助言を仰ぐところから始まる。そして彼らの議論に、やがてソクラテスも加わることになるのである。まずは、「重武装をして戦うことを学ぶこと」は、若者たちにふさわしいか、有益であるか否かが問われる。

ニキアスは重装武闘術について、それは肉体の鍛錬になるし、自由市民にふさわしいものでもあるし、実際の戦闘にも役に立つと述べる。それを身につけると、陣形について学びたくなるし、統帥術についても学びたくなるなど、関連した学科への学習意欲も高められるだろうと指摘する。そして、重装武闘術はその人を「大胆かつ勇敢」にして、「堂々とした態度」をとることができるようになる、とも付け加える。一方ラケスは、重装武闘術を学ぶということについて懐疑的である。というのも、彼によれば、「重装武闘術に励んだ者たちの誰一人として実際の戦争において勇名を馳せた者はいない」からである。二人の意見は真っ向から対立するのである。

やがてソクラテスも議論に加わり、要するに問題は「どのようにすれば彼らの息子さんたちの心に徳が備わって、彼らを前よりもすぐれた者とすることができるか」であろうと確認する。そしてそれについて議論するためには、まず大前提として、徳とはいったい何であるのかがわかっていなくてはいけないとする。というのも、そもそも徳とは何なのかがちゃんとわかっていなければ、どうすればそれを身につけられるかについても考えられるはずがないからである。ただし、ここで「徳」の全体を考察するというのはあまりに大きな課題なので、徳のなかのある一部に絞って考察することにしてはどうかとソクラテスは提案する。ちょうど彼らは重装武闘術の演武を観た後であり、多くの人はそれを「勇気」と関係しているものだと考えるだろうから、ここでは徳の一部として「勇気」に注目し、「勇気とは何であるのか」について考えようということになる。

そこで、まずラケスは、「勇気」を「誰かが戦列に踏みとどまって敵を防ぎ、逃げ出さないとするならば、いいかね、その者は勇気があるのだ」と述べる。それに対してソクラテスは、戦い方にもいろいろあるので、重武装でその場にとどまって戦う人の勇気だけでなく、騎馬戦などにおいて勇気のある人、海の危険において勇気のある人、さらに病気や貧乏や国政に関する事柄において勇気のある人、苦痛や恐怖に関して勇気のある人、そして欲望や快楽に対して戦えるという意味で勇気のある人などをあげる。ソクラテスは「ある者たちは快楽において、また別のある者たちは苦痛において、またある者たちは欲望において、またある者たちは恐れにおいて勇気をもっている」と述べる。[63]そこで、あらためて、ではこうしたさまざまな場合において言われる「勇気」とはいったい何なのだろうかと問うのである。

よくわからない「勇気」

彼らは議論を進め、ラケスは「勇気」を「心の何らかの忍耐強さ」なのではないかと言う。だがそこでいう忍耐強さというのは基本的には立派なものを指しているはずなので、いったんソクラテスは、ラケスの言う「心の何らかの忍耐強さ」を「思慮のある忍耐強さ」と修正してみる。一見したところ「勇気」があるように見えても、単に思慮に欠けた状態で危険を冒し耐え続けることは「勇気」ではないからである。だが、思慮がなされていても悪質で有害な忍耐強さというものもありうる。では、勇気とはいったい何に関して思慮のある忍耐強さのことを指しているのか、さまざまな例を挙げて検討していくと、結局「思慮のある忍耐強さ」というのも勇気の定義としては不十分であることが明らかにされる。

そこでニキアスは、勇気というのは「ある種の知（ソフィア）」なのではないかと言う。ではどのような「知」なのかとソクラテスが問うと、ニキアスは「恐ろしいことと平気なことについての知識」であると答える。彼によれば、小さな子供が何も恐れないのは勇気があるからではなく、単に無思慮だからに過ぎないように、「恐れを知らないということ」と「勇気があるということ」は同じではないという。「向こう見ずなもの」と「勇気」は違うのだ。そこでソクラテスは、「恐れ」というのは「これから生じる悪についての予期」のことであり、「平気」というのは「これから生じる悪くないもの、もしくは善いもののこと」であろうかと確認する。「恐ろしいこと」＝「将来の悪いこと」で、「平気なこと」＝「将来の善いこと」というわけである。それらについての「知識」が「勇気」だとニキアスは主張していることになる。

しかし、ソクラテスによれば、例えば医学は、生じつつあることについても、すでに生じてしまったことについても、これから生じることがどのように生じるかについても、見守るものであり、つまり同一の知識がこれらすべてを認識する。知識というのはそういうものである。だとすると、「勇気」というのも、それは将来の善いことと悪いことについてだけ理解しているのではなく、現に生じつつあるもの、またすでに生じたもの、さらにはあらゆるあり方における善いことと悪いことについても、理解しているはずだということになるとソクラテスは指摘する。勇気がそうした意味での知識であるとするならば、勇気があるとされる者は、同時に節度、正義、敬虔などの徳も併せ持っていることになる。すると、結局ここで論じられているのは、もはや徳の一部ではなく、徳全体に関する話ということになってしまう。こうして、ソクラテスは「勇気が何であるかを我々は発見しなかったことになります」[64]と言って議論を結ぶ。わからないということがわかった、というわけであり、ソクラテスと対話をした二人の将軍も、自分たちが「勇気」について実はわからないということに同意せざるを得なくなったのである。

死と「不知の自覚」

実際のところ、人間は、「勇気を持とう」と思うことによって勇気を持てるようなものではない。もしそれが可能ならば、世界は勇気のある人々で満ち溢《あふ》れているはずである。私たちは、勇気とはつまり何なのか実はよくわかっていないが、それにもかかわらず「勇気のある軍人であれ」とか「軍人には勇気がなければならない」と命令されたり教育されたりしているのは、思えば不思議な状況である。もしソクラテスが、言い伝えられているようにその精神面において立派な、勇気ある兵士であったとするならば、彼は勇気を持とうと思って「勇気」を発揮したのではないはずである。なぜなら、見てきたように「勇気」とは何なのかわからない以上、「勇気を持とう」という発想もありえないからである。

では、なぜソクラテスは他者から結果的には勇気があるように見えたのか、あるいはそのように振る舞うことができたのか。その背後には、死をめぐるソクラテス流の哲学的思索があって、さらにその哲学的思索の背景には、宗教的・有神論的な世界観があったからではないかと思われる。この点について簡単に見てみたい。

しばしば、哲学とは「考えること」であり、それに対して宗教は「信じること」だと説明される。それは完全に誤りというわけではないが、十分な違いだとは言い難い。確かに「哲学」の誕生については、神話的な世界観から論理的で科学的な世界観への脱却、といったふうに語られることがある。抽象的な概念を駆使して論理的な思索を重ね、それでもって世界や人間について語るのが哲学だ、というわけである。だが、最初期のギリシアの哲学者たちが探求しようとしたのは、この世の「始まり・原理」（アルケー）は何かという問題であり、宗教的な概念や思索を排除することそれ自体が主眼だったわけではない。現に、最初の哲学者とされるタレスも、ピュタゴラスも、みな「神」について言及していた。ソクラテスも同様であった。ソクラテス自身は何も文章を書き残すことなく死んでいったが、少なくともプラトンによって描かれているソクラテスは、明らかに有神論者であり信仰深い男だった。

ソクラテスといえばデルポイの神殿における神託の話が有名だ。ある日、ある人物がその神殿で「ソクラテスよりも知恵のある者はいない」という神託を受けた。それを聞いたソクラテスは自分を優れた者だとは思っていなかったので困惑したが、彼は神の意図を知るために、世間で知恵があるとみなされている人々のもとを訪れることにしたのである。

だが、彼らとの対話をとおしてわかったのは、世間では優れていると言われていた人たちも、実は何か立派なことや善いことを知っているわけではなく、知らないにもかかわらず知っていると思い込んでしまっているだけということであった。それに対してソクラテス自身は、知らないことを素直に「知らない」と自覚している。そのわずかな一点において、自分は他の人たちよりも知恵があるというのが神託の意味だったと彼は気付いたのである。これが、いわゆる「不知の自覚」（一般にいう「無知の知」という表現は厳密には不適切[65]）である。

ソクラテスは神託を信じていたからこそ、その意味を知ろうとして、世の中で知恵ある者とされる人々のもとに足を運んだ。だが、彼らと対話をすると、彼らが自分では知恵があると思っているけれども実はそうではないということを暴露することになってしまう。つまり彼らに恥をかかせてしまうので、彼らから憎まれ、嫌われることになる。ソクラテスはそれもわかっていたけれど「神のことをなによりも大事にしなければならない」と考えて、「神に従って探求」するために、そうした対話を続けたのである。[66]彼は次のようにも述べている。

「そうして私は、今もなお歩き回ってはこのことを探求し、神に従って、街の人であれ外国の人であれ、知恵があると私が思う人がいたらと探し求めているのです。そして、その人に知恵があると私に思われなかったら、神のお手伝いをして、知者ではないということを示すのです」[67]

ソクラテスは不当に訴えられた裁判の判決についても「あなた方と神にお任せします」と述べ、有罪判決が出されてしまった後も次のように述べている。「もう去る時です。私は死ぬべく、あなた方は生きるべく。私たちのどちらがより善き運命に赴くのかは、だれにも明らかではありません。神は別にして」[68]。このように、ソクラテスは最期の時まで、明らかに神の存在と霊魂の不滅を信じて生きたとされている。

では、そんなソクラテスは「死」についてどう考えていたのだろうか。『ソクラテスの弁明』のなかで、ソクラテスは死を恐れるとはどういうことかについて論じており、そこでは先に述べた三度の戦場体験が念頭に置かれている。彼は、知を愛し求める者（＝哲学者）としては、死を恐れて戦列から離脱するとしたらそれはひどいことであるとみなしている。それは、「不知の自覚」として知られている考え方に基づいているのである。すなわち、生きている人間は誰一人として「死」というものを知らないわけだが、それにもかかわらず「死を恐れる」とするならば、それは「知らないことについて知っていると思うこと」になってしまうからである。知らないはずの死を恐れるということは、「知恵がないにもかかわらず、あると思い込むこと」に他ならない[69]。

ソクラテスは、哲学という営みを神から与えられた使命であると理解し「神に従って探求」していた。そのため、探求の結果として「死」を恐れることが不誠実だと気付いたならば、死を恐れないことはすなわち神の命令に従うことでもあると言える。

ソクラテスが戦場で泰然自若としており、また不当な裁判の後も取り乱すことなく堂々と毒杯を仰ぐことができた理由がここにあるとするならば、彼の「勇気」は、いわゆる豪胆さや勇猛さといったものとは全く違うものであり、またクラウゼヴィッツ的な「勇気」とも別次元のものであろう。それは自分の知らないことをそのまま認める哲学者としての態度であり、端からは「勇気」のように見えるが、実際には、彼の宗教的な世界観から必然的に生じた佇まいだったと言わねばならないように思われる。

クセノポンの戦争体験記

ソクラテスについて伝えられている彼の言動にはやや超人的なところもあるので、彼の例は少々特殊なのではないかと思われるかもしれない。では、もう少し一般にも当てはまりそうな例として、彼の弟子だったクセノポンに目を向けてみよう。

クセノポンといえば、彼が自分の師について書いた『ソクラテスの思い出』が有名だが、『アナバシス』という著作も非常に興味深い一冊である。というのも、クセノポンは同じソクラテスの弟子とはいってもプラトンなどとは違って哲学者というより軍人であり、この『アナバシス』は彼がギリシアの重装歩兵約一万人の指揮官としてどのように振る舞ったかを記した古代の戦記となっているからである。

その書物のなかで注目したいのは、クセノポンが必死に部下たちの士気を鼓舞しようとして語ったその内容であり、またそうした考えの背景にあった宗教的な側面である。クセノポンは、まず「士気」がいかに重要であって、それこそが決定的なのだということについて、次のように述べている。

「戦いにおいて勝利をもたらすものは、兵の数でも力でもない、一方が神助を得て相手に勝る旺盛な士気をもって敵に向えば、大抵の場合他方はこれを迎え撃つことができぬものだからだ」[70]

続けて彼は、戦いにおいては生きながらえようと望むような者は大抵見苦しく悲惨な死に方をするものであり、一方、死は万人に共通の宿命であるとして見事な最期をとげようと腹をきめている者の方がかえって長寿に恵まれると語り、つまりは「勇敢であれ」という主旨のことも説いている。すでに紹介したキーガンとホームズとガウによる『戦いの世界史——一万年の軍人たち』でもクセノポンのこの言葉が引用されており、古代から軍事指導者たちは兵士たちの「精神」「士気」を重視していたことを裏付ける例の一つとされている。

ところで、そもそもクセノポンがこの時に軍に加わるようになったのは、友人からの勧誘によるものであった。彼はいちおう事前に、戦争に行くことについてソクラテスに相談をしている。ソクラテスは彼に対して、デルポイに赴いて神意を伺ってから決めるといいだろうと助言をした。そこでクセノポンはデルポイに行くのだが、彼は戦争に行くことを前提にして、どの神に犠牲をささげて祈願をすれば遠征に成功し、また無事に帰国できるかをアポロンにたずねたのであった。アポロンは供犠《くぎ》すべき神々の名を答えてくれたので、クセノポンは帰ってきてその託宣をソクラテスに話した。するとソクラテスは、まずは戦争に行くべきか否かについて神意をたずねるべきだったのに、行くこと自体は自分で勝手に決めてしまい、そのうえでどうすれば最も良いかたちで出立できるかをたずねたというのはけしからん、と叱ったようである。だが、すでにそのようなたずね方をして託宣を受けてしまった以上は、神に命じられたとおりにすべきだとソクラテスは答えた。こうしてクセノポンは、託宣で示された神々に供犠をしたうえで旅立っていったのである。

自分たちの雇い主キュロスが戦死した後、クセノポンはその部隊の指揮官に推挙されるのだが、それ以降彼が周囲の者たちに語る内容には「神々」や「吉凶」に関する言及が多い。

例えば、彼が兵士たちに対し、自分たちは「神々の加護のもと」にあることを語っている最中に、誰かがくしゃみをした。ギリシアでもローマでもくしゃみは吉兆だとされていたので、その時その場にいた者たちは全員一斉にひざまずいて吉兆を示した神に拝礼をしている。そしてクセノポンは「救いの神ゼウスの前兆が出現した」と述べ、自分たちは神々への誓約を固く守っているが敵は偽りの誓いをしているので、当然神々は敵軍には敵対し、自分たちの方に味方してくれるだろうという内容の演説をしている。それから、兵士たちに対し、勇敢であらねばならないと言い、「勇者は神々の加護を得て、いかに苛烈な情況の中からも、活路を見出し得る」[71]のだと続けている。

また、具体的にどのようなものかは不明だが、後にクセノポンは占者の勧めもあって軍隊の「浄祓」の儀式もおこなっている。[72]それ以降も、クセノポンは何か決断に迷うと、そのたびに神々に犠牲をささげて伺いを立てたり、同行している占者から助言を受けたりしているのである。[73]

士気のための宗教

ただし、クセノポンが兵士を前にして演説する際の「神々」への言及は、彼自身の信仰ないしはその時代の慣習というよりも、配下の兵士たちの士気をもり立て、気力を充実させることを目的になされているという印象を受ける。例えば、彼は兵士たちに次のように語る。

「審判役は神々だが、神々は必ずやわが方に与してくださるに違いない。敵は神々の名にかけて誓いながらこれを破ったのに対して、わが方は宝を目の前にしながら、神々への誓約を守ってあくまでこれに手をつけるのを控えてきたからだ」[74]

「われわれは、寒暑や労苦に耐える点では敵に勝る肉体をもっているし、神々のお蔭で精神もまた彼らを凌ぐものを恵まれているのだ」[75]

「諸君、生贄の結果は申し分なく、鳥占いでも吉兆を得たし、犠牲獣の示す予兆も申し分ない。さあ敵に向かって進撃しよう」[76]

「神々にかけてわれわれは心を狂わすことなく、また祖国やわれわれの友人、肉親の敵となって、見苦しい最期を遂げることのないように心掛けようではないか」[77]

こうした彼の語り方からすると、宗教的なものは現場の兵士たちの士気を鼓吹するのに不可欠だったのではないかと思えてくる。先ほどの引用でも、クセノポンは「神助を得て相手に勝る旺盛な士気をもって敵に向えば……」と言っているように、士気は神助と結びついている。士気にしても、勇気にしても、そうした抽象的なものは「持て」と命令されて持てるようになるものではないことを私たちは経験的に知っている。士気も勇気も、何かしら具体的な宗教的文脈を用いないと、実際にそれをかきたてることは難しいものなのではないだろうか。

本章の冒頭では、古代ローマ軍の宗教性について触れたが、同様のことはクセノポンが指揮をしたこうしたギリシアの軍隊に関しても言える。前の章で触れたクロムウェルの鉄騎隊もそうであるし、戦国時代の武将たちにおいてもほぼ同様であろう。第一章で紹介したインドのカウティリヤも『実利論』で書いていたように、彼は明らかに宗教を利用して兵士たちの士気を鼓吹しようとしていた。こうした傾向は、古今東西にみられるものだと言えそうである。

宗教には社会や集団の団結を強化する機能がある、というのは古くから指摘されていることだが、実際問題として、士気を高め、結束を強めるために、軍隊において広義の「宗教」はなくてはならないものだったのだ。宗教を真剣に、切実に必要としていたのは、実は聖職者よりも軍人だったと言っても過言ではないかもしれない。文字通り、生き残るために必要だったのである。少なくとも、宗教的な雰囲気や言葉遣いが、軍隊には非常に親和的なものであることは間違いないであろう。

1 Justo L. Gonzalez, *The Story of Christianity, vol. 1*, Harper Collins, 2010, p.120.

2 ロバート・クナップ『古代ローマの庶民たち——歴史からこぼれ落ちた人々の生活』西村昌洋監訳、増永理考、山下孝輔訳、白水社、二〇一五年、三二〇頁。

3 同書、三二〇頁。

4 初期キリスト教徒と軍隊の関係について、詳しくは、木寺廉太『古代キリスト教と平和主義——教父たちの戦争・軍隊・平和観』(立教大学出版会、二〇〇四年)を参照。ローマ軍の概説としては、井上文則『軍と兵士のローマ帝国』(岩波新書、二〇二三年)がわかりやすい。新約聖書にはしばしば「百人隊長」が出てくるが、この本ではそれがどのような存在であったのかについても簡単に解説されている(八七〜九六頁)。

5 J・ヘルジランド、R・J・デイリー、J・P・バーンズ『古代のキリスト教徒と軍隊』小阪康治訳、教文館、一九八八年、一〇六頁。

6 ニッコロ・マキァヴェッリ『戦争の技術』服部文彦訳、ちくま学芸文庫、二〇一二年、一七一頁、二一八頁。

7 矢田部稔「戦場における士気について——宗教要員の活動が士気に及ぼす影響(#12CGS兵学研究論文要約)」(『幹部学校記事』陸上自衛隊幹部学校、一九六九年八月、幹部学校への提出は一九六八年）。執筆当時、矢田部は三等陸佐であった。彼は防衛大学校（入校時は保安大学校）の一期生で、二年時に同級生に誘われて初めてプロテスタントの教会に行っている。そして三年時に洗礼を受け、一九五九年には防衛関係キリスト者の会（後の「コルネリオ会」）の発会式にも参加した。彼はその後、世界各国の軍人クリスチャンとも豊かな交流を持った。自衛官としての現役時代は野戦特科部隊を中心に日本各地で働き、一九八九年に陸将補で退官し、二〇〇四年には瑞宝小綬章《ずいほうしょうじゅしょう》を受けている。晩年はコルネリオ会の名誉会長として指導的な役割を果たした。矢田部および自衛官キリスト教徒に関するエピソードについては、石川明人『戦場の宗教、軍人の信仰』（八千代出版、二〇一三年）を参照。

8　John Keegan, Richard Holms, John Gau, *Soldiers: A History of Men in Battle*, Hamish Hamilton, 1985, p.46.

9　*Ibid.*, pp.48-49.

10　*Ibid.*, p.51.

11　*Ibid.*, p.52.

12　*Ibid.*, p.56.

13　石津朋之、永末聡、塚本勝也編著『戦略原論――軍事と平和のグランド・ストラテジー』日本経済新聞出版社、二〇一〇年、八二～八三頁。

14　『毛沢東語録』竹内実訳、平凡社ライブラリー、一九九五年、一四四～一四五頁。

15　以下、クラウゼヴィッツ『戦争論』からの引用はすべて私訳である。ただし、篠田英雄訳（岩波文庫）、清水多吉訳（中公文庫）、日本クラウゼヴィッツ学会訳（芙蓉書房出版）を参照している。原書は一八三二年に刊行されたが、本書ではCarl von Clausewitz, *Vom Kriege*, Nikol Verlag, 2008. を使用し、以下の注における頁数はそれに従う。

16 Carl von Clausewitz, *op.cit.*, S.21.

17 *Ibid.*, S.726.

18 *Ibid.*, S.47.

19 *Ibid.*, S.729.

20 *Ibid.*, S.54.

21 私たちは、クラウゼヴィッツが「政治」という語をかなり広い意味で用いていることには注意しておく必要がある。彼は「われわれは政治を社会全体における一切の利害関係の代表者と見なすことができる」（*Ibid.*, S.729.）とも述べている。

22 *Ibid.*, S.45.

23 マイケル・ハワード『クラウゼヴィッツ『戦争論』の思想』奥山真司監訳、勁草書房、二〇二一年。

24 ドイツ語原文ではSpiel（ゲーム、競技、賭事の意）だが、定評のあるマイケル・ハワードとピーター・パレットによる英語訳では、gameではなくgambleという訳語が選ばれている。クラウゼヴィッツの意図からしても、ここでは単なるゲームというよりは賭事という意味であることは明白である（Carl von Clausewitz, *op.cit.*, S.44）。以下、『戦争論』の英語訳は*On War* (Edited and translated by Michael Howard and Peter Paret, Princeton University Press, 1976)を参照している。

25 Carl von Clausewitz, *op.cit.*, S.72.
26 *Ibid.*, S.73. ここでの「精神」は原語ではGeistで、ハワードとパレットによる英語訳ではmindの語が当てられている。
27 *Ibid.*, S.45.
28 *Ibid.*, S.63.
29 岩波文庫版『戦争論』(篠田英雄訳) の「あとがき」(三六〇〜三六一頁) を参照。
30 Carl von Clausewitz, *op.cit.*, S.655.
31 *Ibid.*, S.73.
32 *Ibid.*, S.73.
33 *Ibid.*, S.75.
34 *Ibid.*, S.79.
35 *Ibid.*, S.96.
36 *Ibid.*, S.136.
37 「統帥参考」(『統帥綱領・統帥参考』偕行社、一九六二年) 六五頁。
38 ジョン・エリス『機関銃の社会史』越智道雄訳、平凡社ライブラリー、二〇〇八年、一七頁。
39 南北戦争では機関銃、地雷、野戦電信機、蒸気駆動装甲艦などが用いられ、大量生産によって食料・軍服・装備も支給されるなど、近代戦のさきがけとなった。そうであった理由として、エリスは「それはアメリカの常備軍が非常に小さく、戦争はこうあるべきだという固定観念にしばられた軍人がほとんどいなかったためだ」(同書、八三頁) としている。

40 同書、二二三頁。
41 同書、九四〜九六頁、九八〜九九頁。
42 アレグザンダー・スワンストン、マルコム・スワンストン『アトラス世界航空戦史』石津朋之、千々和泰明監訳、原書房、二〇一一年、一一頁。
43 ウィリアム・H・マクニール『戦争の世界史』上巻、高橋均訳、中公文庫、二〇一四年、一四五頁。
44 ジョミニのこの著書はフランス語で書かれたものであるが、本書では英語訳（Baron Antoine-Henri De Jomini, Translated by Capt. G. H. Mendell, and Liut. W. P. Craighill, *The Art of War*, Wilder Publications, 2008.）を参照し、引用はそこからの私訳である。佐藤徳太郎による日本語訳（アントワーヌ・アンリ・ジョミニ『戦争概論』中公文庫、二〇〇一年）も参照したが、この佐藤訳も英語版からの翻訳である。タイトルは、フランス語の原題（*Précis de l'Art de la Guerre*）からしても、また内容的にも『戦争術』ないしは『戦争の技術』がふさわしいと思われるが、一般には佐藤訳の『戦争概論』が定着しているので、本書でもそれにならうことにする。
45 Antoine-Henri De Jomini, *op.cit.*, p.7.
46 *Ibid.*, p.245.
47 Carl von Clausewitz, *op.cit.*, S.134.
48 Antoine-Henri De Jomini, *op.cit.*, p.245.
49 *Ibid.*, p.246.

50 *Ibid.*, p.44.
51 *Ibid.*, p.45.
52 *Ibid.*, p.36.
53 *Ibid.*, p.46.
54 *Ibid.*, p.46.
55 *Ibid.*, p.41.
56 *Ibid.*, p.42.
57 *Ibid.*, p.29.
58 イエルク・ムート『コマンド・カルチャー――米独将校教育の比較文化史』大木毅訳、中央公論新社、二〇一五年、一三七頁。
59 プラトン『饗宴』中澤務訳、光文社古典新訳文庫、二〇一三年、一八一頁。
60 プラトン『ラケス』三嶋輝夫訳、講談社学術文庫、一九九七年、一六頁。
61 プラトン『饗宴』一八三～一八四頁。
62 ソクラテスの軍歴を含めた年譜としては、『世界の名著 プラトンI』中央公論社、一九六六年、五九九～六〇六頁の「ソクラテス年譜」、もしくは、プラトン『ソクラテスの弁明』納富信留訳、光文社古典新訳文庫、二〇一二年、二〇八～二一三頁の「ソクラテス・プラトン年譜」などを参照。
63 プラトン『ラケス』五〇頁。
64 同書、八〇頁。

65 いわゆる「無知の知」という表現の問題点については、納富信留『哲学の誕生――ソクラテスとは何者か』(ちくま学芸文庫、二〇一七年)の第六章を参照。
66 プラトン『ソクラテスの弁明』三二一〜三三三頁。
67 同書、三三七頁。
68 同書、一〇六頁。
69 同書、五九頁。
70 クセノポン『アナバシス』松平千秋訳、岩波文庫、一九九三年、一二〇頁。
71 同書、一二五頁。
72 同書、二四五頁。
73 同書、二五八〜二五九頁、二七九頁、二八三頁、三四九頁、など。
74 同書、一一五〜一一六頁。
75 同書、一一六頁。
76 同書、二八三頁。
77 同書、三〇四頁。

第四章 「宗教的服従」を説いた軍隊

1 精神力重視の背景

「死は鴻毛よりも軽しと覚悟せよ」

かつては大東亜戦争と呼ばれ、戦後はアジア太平洋戦争と呼ばれるようになったあの戦争では、日本人だけでも三一〇万人が命を落とした。

その時の日本軍では、「特攻」「玉砕」「散華《さんげ》」「必勝の信念」「大和魂」「悠久の大義」など、他国の軍隊にはない独特な言葉が頻繁に使われた。他にも、「天佑神助《てんゆうしんじょ》」「神明《しんめい》の加護」「英霊」などといった宗教的な語彙《ごい》も多かった。「能否を超越し国運を賭して断行すべし」とか「決死任務を遂行して聖旨《せいし》に添うべし」などといった言い回しもあったようである。それらは、当時の日本軍の価値観や軍事のあり方を象徴するものだったと言ってもいいだろう。

人々は戦争が終わると、そんな日本軍について、人命と合理性を軽んじた愚かな組織だったと批判するようになった。そうした際にしばしば指摘されてきたのは、右にあげたような言葉であらわされる過度な精神主義の傾向である。当時の日本軍人にも優れた知性や価値観を持つ者は少なくなかったが、日本軍の全体的な姿勢や思考は、明らかに精神主義的傾向が強く、その死生観もいささか宗教的だったと言っていいと思われる。

軍人に対して与えられた死生観、あるいは道徳的規範として、まず最も有名なのは、一八八二年の「軍人勅諭」における一節、すなわち「義は山岳よりも重く死は鴻毛よりも軽しと覚悟せよ」であろう。この「軍人勅諭」全体では、軍人たるものは「忠節」を尽くすこと、「礼儀」を正しくすること、「武勇」を尚《たつと》ぶこと、「信義」を重んずること、「質素」を旨とすることなどが説かれている。「死は鴻毛よりも軽し」の一節は「忠節」を説くなかで出てくる。一九四五年の八月まで、この「軍人勅諭」は日本軍における精神教育の基礎とされた。軍人にはその全文の暗誦が強制されたり、公の場で読み間違えた責任をとって自殺する将校まであらわれたりするなど、文字通り神聖視されたのである。

また、一九四一年に東條英機の名で布達された「戦陣訓」も当時の日本軍将兵に大きな影響を与えた。そこには「無辜《むこ》の住民を愛護しなさい」「酒色に心を奪われてはいけない」「常に他隊の便益を思い、宿舎や物資の独占などをしてはいけない」「武勲を誇ってはいけない」といったことなど、一見したところ一般的な道徳が説かれている。だが、それらのなかに、「生きて虜囚の辱めを受けず、死して罪禍の汚名を残すこと勿れ」という一文もあった。日本兵が降伏や投降を拒否し、結果的に多くの戦死者を出してしまった背景として、しばしばこの文言の影響が指摘されている。
「死は鴻毛よりも軽し」という表現それ自体は「軍人勅諭」のオリジナルではなく、もとは紀元前二世紀の歴史家、司馬遷に由来するものである。実は毛沢東も同じ表現を使っており、『毛沢東語録』のなかにも「ファシストのためにはたらき、人民を搾取し人民を圧迫する連中のために死ぬのは鴻毛よりも軽い」（竹内実訳）という言葉が見られる。古代から、このような「死」の覚悟に加え、軍人に対して徳の重要性が説かれるという例も多く見られる。『孫子』などとならぶ中国の古典的な兵法書『三略』でも、上に立つ者は身辺を清潔にしておかなければいけないと説かれている。そこでは、部下を統率したり、臣下たる者がめざましい手柄を立てたりするうえでは徳行・道徳が重要であるといったことについてかなりの紙面がさかれている。現在の自衛隊でも「服務の宣誓」があり、そこでは「常に徳操を養い、人格を尊重し」、「事に臨んでは危険を顧みず」に責務の完遂に務めるとされている。

前章でも見てきたように、軍隊で精神面が重視されるのは当然のことであり、何らかの形で精神教育がなされるのも普通のことである。だが、日本軍におけるそれはやはり少々独特で、精神面の強調があまりに過度だったという印象がある。具体的には本章の後半で見ていくが、日本軍は現にさまざまな文書で「必勝の信念」を繰り返し強調しており、ときにはそうした

「信念」が、「物質」のみならず「知識」よりも重要だとさえ説いていたのである。

いったい、なぜ日本軍はそこまで精神面の強調に熱心だったのだろうか。しばしばその理由としては、物質面で劣っていた日本はその状態をどうすることもできなかったので、仕方なく精神面を強調するしかなかったのだ、と解説されることがある。確かにそうだった面もあるが、それだけで説明が済むほど単純な話でもなかったようである。これは大きな問いなので、ここでその背景のすべてを論じることはできないが、本書の趣旨の範囲内で概観してみたい。

「天皇の軍隊」としての日本軍

まず、日本軍という軍事組織の最大の特徴は、それが「天皇の軍隊」だとされた点にある。日本軍は「天皇の軍隊」「天皇によって統率される軍隊」という性格づけで建設され、管理され、戦い、八〇年もたたずに解体されるにいたった。天皇のために戦って死ぬことが美徳とされ、無残な死も「玉砕」や「散華」と美化された。天皇を中心に服従や死が意味づけられていた点にこそ、日本軍最大の特徴があったといっていいだろう。

天皇が統率する軍隊という意味で、しばしば「皇軍」という言葉も使われたが、日本軍はいつから「皇軍」と呼ばれ、あるいはそう自称するようになったのだろうか。吉田裕《ゆたか》によれば、「皇軍」という言葉は満州事変（一九三一年）のあたりから盛んに用いられるようになったという。[1]この言葉を頻繁に使った一人の荒木貞夫は、一九三一年に陸軍大臣に就任すると、その直後から「皇軍」という意識の重要性について繰り返し語り、「皇軍に就て」という講演をおこなうなどしてその言葉を強調した。ただし、荒木がこの言葉を作り出したわけではない。というのも、「皇軍」という言葉自体は、一五世紀の『賀茂皇太神宮記』に見られるからである。そこに出てくる「皇軍」は後におけるそれとは使われ方が同一ではないようだが、昭和におけるような意味での「皇軍」も、すでに一八七八年の「軍人訓誡」の冒頭で用いられていた。したがって、日本軍は創設当初の山縣有朋の時代から、アジア太平洋戦争での敗戦にいたる阿南《あなみ》惟幾《これちか》たちの時代まで、一貫して「皇軍」と称していたことになる。

だが、吉田の指摘のとおり、その語は一九三〇年頃まではあまり一般的に用いられることはなかった。山本七平はその著書で、「皇軍」の語は「おそらく新聞造語」であり「外部から軍隊に入ってきたはず」だと書いている。[2]しかし、いま述べたように、一九世紀の「軍人訓誡」にすでに「皇軍」の語があり、初出は一五世紀にまでさかのぼることができるので、山本のこの推測は誤りだと言わざるを得ない。だが、実際に陸軍士官として従軍した彼でさえそう思い込んでしまうくらい、この語はある時期（おそらく満州事変の頃）を境に突如として頻繁に用いられるようになったのである。

日本軍ではその最初期から、天皇による操練の親閲や演習の統監が多く繰り返されていた。

天皇が頻繁に軍隊のさまざまなイベントに顔を出すことで（「臨幸《りんこう》」「天覧」と呼ばれた）、軍人は天皇の「股肱《ここう》」（手足となって働く腹心）として特別な関係にあるという認識を強化していったのである。一八七八年の「軍人訓誡」では、「忠実・勇敢・服従」が軍人精神の中核とされ、天皇については「御容貌の瑣事《さじ》たりとも」批評してはならないとされた。当時の陸軍卿、山縣有朋らは明治天皇の権威をいわば人為的に創出して、それを徴兵制の軍隊の背骨にしていこうとしたのである。

一八八二年の「軍人勅諭」では、「忠節・礼儀・武勇・信義・質素」が説かれるわけだが、その記述の前に、大前提として「我が国の軍隊は、世々天皇の統率し給ふ所にぞある」「朕は汝等軍人の大元帥なるぞ」と書かれ、天皇の軍隊という日本軍の位置づけが確固たるものとして周知された。そして一八八九年に公布された大日本帝国憲法の第一一条で「天皇ハ陸海軍ヲ統帥ス」と書かれていわゆる統帥権が明確に認められるようになった。第一二条では「天皇ハ陸海軍ノ編制及常備兵額ヲ定ム」とされ、つづく第一三条では「天皇ハ戦ヲ宣シ和ヲ講シ及諸般ノ条約ヲ締結ス」と定められ、軍隊は抽象的な精神のレベルのみならず制度的にも天皇に直結する特別な機関だという優越意識をもつことにつながっていったのである。

一九四五年の終戦まで日本国民には天皇崇拝が強制されたが、それは国民一般のあいだで天皇崇拝が維持・強化されれば、それと連動して、天皇と特別な関係にあるということになっている軍人の地位や名誉も維持・強化されるという構造ができあがっていたからであろう。学校においても、神武天皇の東征や神功皇后《じんぐう》の朝鮮遠征、日本武尊《やまとたけるのみこと》の東征西征など、伝説・神話を根拠に本来天皇は軍隊を率いるものであるということが教えられた。天皇と軍隊との親密な関係を築いていくにあたっては、ドイツにおける皇帝と軍隊との関係について述べた児玉源太郎のレポートが参考にされたとも言われている。[3]

キリスト教の「神」と日本の「天皇」

ところで、日本の天皇制については、ヨーロッパにおけるキリスト教の位置付けとパラレルに論じられることがある。すなわち、西洋諸国ではキリスト教が国民精神の機軸役を果たしていたが、日本にはそれがなかったので、明治政府は国家統治の原理として天皇制を利用した、という指摘である。これはしばしば定説のように語られており、例えば三谷太一郎もその著書で、日本の天皇制はヨーロッパにおけるキリスト教の「機能的等価物」であったと述べながら近代日本について論じている。[4]

ただし、こうした理解には注意も必要だと思われる。というのは、これはあくまでも西洋におけるキリスト教会の制度や組織と、天皇を頂点においた日本の制度や組織についての話であって、日本における「天皇」とキリスト教における「神」それ自体が機能的に等価だったとはとても言えないからである。

両者の違いは、軍人たちのそれぞれに対する姿勢を見ても明らかである。西洋の軍人たちにとって、キリスト教の「神」は、何よりもまず戦場で自分たちの無事や安全を祈り庇護を求める相手であった。それに対して、日本の「天皇」は確かに現人神ということにはなっていたが、日本の軍人は天皇に対して自分たちの無事や安全を祈ったりはしなかったからである。キリスト教徒は「神が私を守ってくださる」という信仰を持ち得たし、それが戦場における信仰の中心だった。それに対して、天皇は確かに神格化されていて宮城《きゅうじょう》遥拝《ようはい》などもなされていたものの、日本兵たちには「天皇が私を守ってくださる」という信仰はなかった。また、キリスト教徒にとって神は、その戦争を正当化し、共に戦ってくれるものでもあって、戦場では神に対して敵の打倒に力を貸してくれるよう祈り求めることもあった。だが、日本の軍人たちは、敵に攻撃をおこなう際にも天皇に超自然的な力添えを祈ったり求めたりすることはなかった。

日本の軍隊のありようが、広い意味では「宗教的」であったと言うことは可能であろう。しかし、キリスト教文化圏における「神の名において戦う」と、日本における「天皇の名において戦う」とでは、その内実は大きく異なるものだったことは十分に念頭においておかねばならない。

軍人勅諭が出されるまで

日本軍における精神主義の問題を考察するにあたっては、日本軍そのものの歴史についても簡単に見ておく必要がある。

日本のいわゆる鎖国は長期にわたるものだったが、一九世紀に入ってから日本の置かれている状況は大きく変わっていった。一八五三年のペリー来航、および翌五四年の日米和親条約締結のあたりをもってして、日本は後の人々によって「幕末」や「明治維新」と呼ばれる時代に入る。一九世紀後半、日本にとってまず緊急の課題だったのは、近代的な軍隊を建設することであった。明治新政府は欧州列強による東アジア植民地化を目の当たりにしていたのに加え、徳川幕府打倒のための戊辰戦争も西南雄藩の軍事力に依拠せざるを得ない状態であった。近代国家において、常備軍の存在は不可欠なものである。日本としては、対外的には独立を保ち、同時に国内的には中央集権体制を確立して国内を安定させるために、中央政府に直属する固有の軍隊の建設が求められたのである。

一八七一年、政府は薩摩・長州・土佐藩兵約八〇〇〇人を「御親兵」と命名して最初の直属の軍隊を作った（翌年に「近衛兵」と改称）。また、ほぼ同時に、東山道《とうさんどう》・西海道《さいかいどう》に陸軍の部統括組織である鎮台を設置して壮兵（志願兵）を集め、彼らを「鎮台兵」と命名し、その後改組・改編を繰り返していく。

すでに一八七〇年の太政官布告により、近代的軍隊の建設において、陸軍はフランス式、海軍はイギリス式をモデルにすることが決定されていた。一八七二年には、兵部省が廃止されて「陸軍省」「海軍省」が設置された。一八七三年には徴兵令が発布され、兵役は人民すべての義務であるとされるようになる。しかし、まだ旧藩意識が抜けない近衛兵や鎮台兵たちを統率しまとめ上げるのは容易ではなかった。

一八七三～七四年は各地で徴兵反対一揆も発生し、各府県の士族や鎮台兵によって鎮圧されるなどの出来事が繰り返された。それ以後も士族反乱が相次ぎ、一八七四年には佐賀の乱、七六年には熊本で神風連《しんぷうれん》の乱、福岡で秋月の乱、山口で萩の乱などが起きた。その翌年の一八七七年に勃発したのが西南戦争で、それが最大にして最後の士族反乱となった。新政府はこれを鎮圧したことにより、武力による蜂起がもう不可能であることを知らしめ、徴兵制度も不動のものとし、その権力基盤を確立したのである。

しかし、ではこれでもって日本の軍隊が安定したのかというと、決してそういうわけではなかった。政府が軍人に対する精神教育の重要性を痛感する出来事となったものとしてしばしば指摘されるのは、一八七八年の竹橋事件である。これは近衛砲兵大隊の兵士たち二〇〇名以上が蜂起したもので、日本初の兵士反乱である。その原因については諸説あるが、一般には、給与減額や、西南戦争における論功行賞に対する不満、あるいは思想的な問題が背景にあったとされている。彼らは士官を殺害し、大隈重信邸を襲撃し、当時仮皇居になっていた赤坂離宮で天皇に直訴しようとした。反乱した兵士らはすぐに鎮圧されたが、最終的に死刑五五名、準流刑一一八名という大変厳しい刑が下された。

これをきっかけに、政府は軍人の精神教育の重要性をあらためて認識することになる。そこで、この事件の二ヶ月後に「軍人訓誡」が出され、さらに一八八二年には「軍人勅諭」が出されることになったというわけである。当時兵士たちを監督する立場にあった陸軍卿の山縣有朋は、すでに西南戦争中から兵士たちの軍紀維持について気にかけており、何らかの手を打たねばならないと考えていたようだ。というのも、もし兵士たちが問題を起こすと、軌道に乗りかけていた徴兵制度が批判され、新政府の権威それ自体も危うくなってしまうからである。

なお、竹橋事件が起きて「軍人訓誡」が出されたその翌年にあたる一八七九年には、戊辰戦争の官軍戦死者を祀った東京招魂社が、西南戦争における戦死者慰霊のための臨時大祭を契機に「靖国神社」と改称された。周知の通り、靖国神社はアジア太平洋戦争が終わる一九四五年まで、国のために戦って死ぬことを大きな栄誉とする思想の象徴、あるいは軍人の精神的な拠り所の一つとして機能するようになっていった。

精神教育の展開

熊谷光久は『日本軍の精神教育――軍紀風紀の維持対策の発展』で、「精神教育」には二つの面があったことを指摘している。精神教育のまず一つの面は、「積極的に行動できる精神を養成する」ものであり、具体的には、忠誠心、士気、団結などといった概念で表現されるものである。これはすなわち、軍人特有の職務に関する精神性が念頭に置かれていると言っていいだろう。もう一つの面は「軍紀風紀を遵守させる」ことを意図したものである。そこでは軍の法令や規則のみならず、日常生活を送るうえでの常識やマナー、あるいは倫理・道徳を守らせることが念頭に置かれている。両者は究極的には連続したものとして捉えられるかもしれないが、いちおうこのように分けておくと理解がしやすくなる。

熊谷は、明治初頭における軍隊構成員の出自（士族か平民かなど）、および採用のプロセス（徴兵か志願兵かなど）も考慮しながら、陸海軍における犯罪率について詳細に調べている。彼によれば、『日本帝国統計年鑑』で一八七六年の幼年・老年を除く男子人口に対する犯罪処刑率を見ると、それは約一％であるのに対して、陸軍での犯罪処刑率は五％と非常に高く、海軍も陸軍ほどではないにしても一般社会とくらべると明らかに高かったという。[5] 竹橋事件だけでなく、こうした全体的な軍紀（軍隊で守られるべき規律や風紀）の乱れに軍首脳部が問題意識をもたないはずがなかった。

日本軍の精神教育は、最初から兵士たちを死をも恐れず猪突猛進的に戦わせるようにするために始められたのではなく、まずはそれ以前に、身分制度や社会の慣習などが激変する明治日本において、軍隊という巨大組織を安定的に維持し管理していくために求められた。戦場で勇敢であることはもちろん大事だが、それ以前の問題としてまずは軍隊内の秩序を守らせることが喫緊の課題だったのである。当時の日本人にとっては、そもそも「日本軍」は新しい概念だった。旧来の制度や価値観がまだまだ残っていた時代にゼロから全く新しい「軍隊」という組織を設立し、それを適切に管理するためには、構成員一人ひとりに対する「精神教育」がどうしても必要だったのだ。

日本軍が部隊の行動規範や戦闘規範および戦場における禁制を示した最初のものは、一八六八年の「陸軍諸法度」だった。その翌年、一八六九年の「軍律」は条文としては非常に簡単なものであったが、各藩の主体性を尊重しつつ全体の基準を示しているという点では軍紀統一に益するところがあったとされている。[6]「陸軍諸法度」では禁止事項を犯した場合の刑罰は定められていなかったが、「軍律」は軍刑法の一種であり、懲罰令としての性格を持つものであった。[7]

そして廃藩置県後、陸軍省と海軍省が設置されたのと同じ一八七二年に公布されたのが「海陸軍刑律」である。「海陸軍刑律」においては軍人軍属の犯罪は一般司法から独立した軍裁判所が処理するものとなり、熊谷によれば、日本はこの時点から西洋式の軍紀取締を行うようになったとみなすことができるという。[8]「海陸軍刑律」は一八八一年に陸・海軍各刑法に分離し、さらに一九〇八年に全面改正・整備されて陸軍刑法・海軍刑法となって一九四七年に廃止されるまで続いた、というのが大まかなプロセスである。

興味深いのは、この一八七二年の「海陸軍刑律」とほぼ同時に、陸軍と海軍それぞれにおいて「読法《どくほう》」というものが制定されたことである。「読法」は軍人心得のような文章で、招集された新兵はそれを読み聞かせられる儀式をへて、十分に理解したと宣誓したうえで「海陸軍刑律」の適用を受けるようになったのである。[9]両者ともに、陸軍の「読法」は全八カ条、海軍の「読法」は全七カ条であるが、内容はほぼ同じである。兵員となる者はまず忠誠が重要であることなどが述べられ、続いて長上に対しては敬礼を尽くし、仲間とは仲良くやり、脱走や喧嘩や賭博などを禁じ、そして戦場では臆病な振る舞いをしないように、といったことが書かれている。当時の新兵には、素質や素行のうえで問題のある者も混じっていたため、こうした事柄を理解させて軍隊内での最低限の規律を守らせる必要があったのであろう。この「読法」の内容は明らかに道徳的なものなので、日本軍における狭義の「精神教育」はここから始まったと言ってもよいかもしれない。日本の軍隊はその最初から最後まで、常に精神教育に重きを置いていたのだ。

精神主義的傾向のさまざまな背景

日本軍における過度な精神主義的傾向の原因や背景は、厳密にはさまざまな角度から見ていく必要がある。「大和魂」や「武士道」の思想がどのようなプロセスで変質していったのかという点は興味深いし、日本的な「廉恥《れんち》」「自死」の概念などについての検討も必要であるだろう。当時の国際状況や日本社会の急激な変化と混乱の状況、そしてそうしたなかで生まれた「和魂洋才」というスローガンもこの時代の考え方をあらわしたものとして重要である。

日本軍の精神教育に関連する人物としては、陸軍大学校で教鞭をとったメッケルをあげることもできる。一八八五年に来日して日本軍人の教育にあたったドイツの軍人、クレメンス・ヴィルヘルム・ヤコブ・メッケルは、「精神」を強調して「攻撃重視の思想」を教えたので、その影響も大きかったとしばしば指摘されている。メッケルは、いかに最新の兵器が発明されても、それに全面的に依存することは敗北を招くと説き、勝敗を決定するのはあくまでも精神力であると教えたのである。[10]

日本人で軍人の精神教育に大きな影響を与えた者はもちろん何人もいるが、そのうちの有力な一人は、西周であろう。西周は幕府派遣留学生としてオランダで学び、開成所教授、沼津兵学校教頭をへて兵部省に入り、陸軍大丞《だいじょう》陸軍省第六課長などを歴任した人物である。一般に西といえば、「哲学」「芸術」「理性」「科学」「意識」など多くの訳語を作った人物として知られている。だが、同時に彼は、西洋式兵制の導入にあたっての最大の功労者でもあり、特に軍紀を確立するためのイデオロギーの面で大きな役割を果たした。[11] 具体的には、一八七一年の「読法」、一八七八年の「軍人訓誡」、一八八二年の「軍人勅諭」は、いずれも西が起草にかかわっている。本書では触れないが、西による講演『兵家徳行《へいかとっこう》』（一八七八年）は軍人のモラルはいかにあるべきかを説いたものとして興味深いものであり、すでにそれについてもいくつかの研究がある。[12]

日本軍は設立当初から兵士たちの精神教育に重きを置いていたわけだが、特に精神主義的傾向を加速させたのは、日露戦争時からではないかとも指摘されている。藤原彰《あきら》によれば、日清戦争の主要会戦はいずれも一日で決したのに対し、日露戦争の会戦は数週間から半年と長期化するようになった。火器の威力が増加したことで戦死者数も跳ね上がり、戦場の指揮や部隊の統制が困難になる傾向がでてきたのである。いったん動揺した戦線の維持がいかに困難だったかという実例も多く報告されるようになったため、軍部はとにかく現実問題として、まずは兵士個々人の自発的戦闘意志、士気や攻撃精神といったものを重視することで対応せねばならなくなったというわけである。[13]

侮蔑されていた日本の軍人たち

日本軍の精神主義的傾向の背景は、まずは以上のように、「天皇の軍隊」という位置付け、風紀・軍紀の維持という課題、そして日露戦争の経験など、大きく三点から見ることができる。だが、さらに、時代的な背景があったことも重要である。一般に、ある時代の傾向というのは、その前の時代状況の結果としてあらわれるものである。それは当然といえば当然なのだが、特にアジア太平洋戦争期の日本軍について考える際には、明治末期から昭和初期にかけて日本軍人の置かれていた状況を念頭に置くことも重要である。

まず覚えておきたい大前提は、日本人の軍人観は、歴史を通して常に一定していたわけではなかったということである。現在、一般に「日本軍」というと、軍人が大手を振って歩いていたアジア太平洋戦争期の日本軍のイメージが強いと思われる。だが、それは八〇年に満たない日本軍の歴史のなかで、一九三一年の満州事変あたりから一九四五年の終戦までの約一五年程度の限られた期間のものだと考えることもできるようである。

日露戦争（一九〇四〜一九〇五年）の戦闘による死者数は、日清戦争（一八九四〜一八九五年）におけるそれの約六倍にも達している。戦死した兵士のなかには三〇歳代の兵士が多く、つまり一家の生活を支える者たちの犠牲が多かった。そのため、戦争に勝ったとはいえ、戦後に生活困窮に陥った家庭が多くあらわれ、人々のあいだでは戦争への恐怖や軍隊への不満が根深く残ることとなった。

そして大正時代、それは西暦では一九一二年から二六年にあたるが、その時期の日本社会には、軍隊や軍人を批判することが進歩的であり知的であるかのような雰囲気があったことが、幾人かの歴史学者によって指摘されている。街では軍人が人々から絡まれたり、列車内や路上で罵倒《ばとう》されたりすることもあったという。税金泥棒と揶揄《やゆ》されたり、人力車への乗車を拒否されたりすることなども珍しくなかったため、軍人は制服を着て外出することを嫌がるようにさえなっていたのである。いわゆる「大正デモクラシー」の時代は、世論や政党は日本軍に対して厳しい軍縮要求をしており、それが実行されると、軍人たちは経済的にも不遇の状態におかれた。職業としての魅力もなくなり、結婚さえ困難なことも珍しくなかったと言われている。大人が軍人を侮蔑すれば子供も自然と軍人を軽視するようになり、士官は憧れの職業どころではなかった。

例えば、芥川龍之介でさえそうした時代の雰囲気の影響を受けていたようである。芥川自身は、かつて海軍機関学校で英語の嘱託教官をしていたにもかかわらず、『侏儒《しゆじゆ》の言葉』(一九二三〜一九二七年)のなかで「軍人は小児に近いものである」とか「軍人の誇りとするものは必ず小児の玩具に似ている」などと書いて、明らかに軍人を小馬鹿にしていた。そんな時代だったのである。当然ながら軍人たちはこうした風潮に悩まされたが、どうすることもできず、彼らはただ忸怩《じくじ》たる思いでそれに耐えるしかなかった。このあたりのことは、日本政治外交史が専門の高杉洋平が「軍縮と軍人の社会的地位」や「「軍縮期」の社会と軍隊」などで詳しく解説しているので[14]、以下ではそれらを参照しながら見ていきたい。

大正期の日本社会で軍人はネガティブな目で見られる傾向があったということは、後の日本軍のイメージからすると少々意外だと感じられるかもしれない。だが、かつてはそうだったということが、昭和の日本軍について考えるうえでは無視できないようだ。日本社会における軍人蔑視の雰囲気が一気にひっくりかえったきっかけは、一九三一年の満州事変である。それまでの反動として、今度は日本の大衆はやたらと軍人を持ち上げるようになっていった。そうした時代の空気のなかで軍人が台頭して、四〇年代前半の「特攻」や「玉砕」をへて一九四五年の敗戦へと至るのである。

では、反軍的な雰囲気が濃厚だった一九二〇年代に、後の著名な軍人たちはおよそ何歳だったのだろうか。東條英機は一八八四年生まれだったので、彼の一九二〇年代は三〇歳代半ばから四〇歳代半ばにあたる。石原莞爾《かんじ》や牟田口《むたぐち》廉也《れんや》は、それぞれ一八八九年生まれと一八八八年生まれなので、彼らにとっては三〇歳代のほぼ全体が一九二〇年代だった。満州事変時の陸軍大臣、荒木貞夫は彼らより少し年上の一八七七年生まれなので、四〇歳代の前半から五〇歳代の前半にかけてが、一九二〇年代に相当する。要するに、アジア太平洋戦争期に指導的な立場にあったエリート軍人たちは、ちょうど一人前の軍人として働き盛りだった時期に「反軍的」な日本社会で人々から軽視されたり侮蔑されたりする傾向にあったわけである。彼らが四〇歳くらいから五〇歳代前半あたりのときに満州事変が起き、おおよそそれを境にして軍人に対する世間の目がガラリと変わっていく。彼らを取り巻く環境は短期間で大きく変化し、急に尊敬されたり一目置かれたりするようになって社会的地位が上がったのである。彼らは、こうした数奇なプロセスをへたうえで、後の戦争指導をしていたことになる。このあたりの事情を、もう少しだけ詳しく見てみよう。

第一次大戦の衝撃と平和主義

第一次大戦が起きたのは、一九一四年の夏から一八年の冬にかけてである。それはそれまでの戦争とは大きく異なり、新兵器として、飛行機・戦車・毒ガスなどが用いられ、高性能化した大砲や機関銃も大量に投入された戦争であった。

戦場の兵士たちは、それらの殺傷力の高い兵器によって、手足や頭部が吹き飛ばされるなど、以前とくらべて身体がめちゃくちゃに破壊される傾向が強くなった。鳴り止まぬ大砲の轟音と長期にわたる塹壕生活により、精神を病んでしまう兵士も続出した。かろうじて生き残ったとしても、四肢に大きな障害が残ってしまったり、顔面に大きな傷が残ったりする者が多く出たことも、人々に衝撃を与えた。写真技術も進歩してきたので、崩れた顔や欠損した手足の傷病兵たちの生々しい姿は、多くの人々の目に触れるようにもなったのである。

戦死者数が跳ね上がった理由は、武器が高性能になって銃弾・砲弾が大量生産されるようになったことだけではない。鉄道網が発達したこと、つまり兵員と物資を輸送する能力が著しく向上したことは戦争の規模拡大に直結し、通信機器、保存食、医薬品の発展なども結果として戦争の大規模化・長期化の要因となり、死者の数を増加させてしまった。勝敗の鍵を握るのは前線で戦う兵士だけではなく、国内の工業力・生産力も重要であることが明らかになったため、国内外における宣伝や教育も大きな役割を担うようになった。一般市民も戦争を支える「総力戦」の時代となったのである。

日本もいちおう第一次大戦には関わったものの、ヨーロッパの国々と同じような規模の戦闘を経験することはなかった。ただし、日本軍もヨーロッパに多数の観戦武官を派遣し、また臨時軍事調査委員会を組織して研究にあたらせるなどしたので、軍事の世界で質的・量的な革新が進んでいることを目の当たりにすることとなった。日本軍は、自分たちが諸外国の軍隊にくらべて大きく遅れをとっていることに危機感を覚えるようになり、装備の近代化と国家総動員体制の確立が急務であると気付いたのである。

ところが、日本軍の近代化は簡単には進まなかった。第一次大戦の悲惨さを目の当たりにしたヨーロッパの人々は、当然ながらこのような戦争は二度と御免だと考えるようになり、世界的な反戦平和の潮流が生まれた。そうした平和主義や反軍国主義の思想は、ほとんど戦禍を被ることがなかった日本にも伝播して、それも「大正デモクラシー」の一要素となったのである。そのような思潮が日露戦争後の不況や財政難の影響ともあいまって、大衆たちに軍事の軽視、軍人の蔑視という態度をとらせる傾向を生んだ。また、運が悪いことに、一九二三年には関東大震災が起きて首都圏に大きな被害が出たため、復興事業費も必要となってしまった。こうして、一九二〇年代は世論も政党も軍縮要求を突きつける時代になっていったのである。

日本軍的精神主義の背景としての軍縮と平和主義

当時、軍は近代化を進めねばならないと危機感を抱いていたが、大衆のあいだでは平和主義的・反軍国主義的な声が強く、人員や部隊の削減を実行せざるをえなくなった。そこで、陸軍は人員を削減することで予算を捻出し、それを装備近代化にあてるということで「軍縮」と「近代化」を同時進行させようとした。ところが、事態はなかなか思うようには進まなかった。

山梨半造陸軍大臣時代の軍縮（一九二二〜一九二三年）では、将兵六万人が削減されており、それは当時の人口からすれば極めて大きな削減だったが、それでも世論＝大衆は納得しなかった。世論は師団数の削減を求めたが、山梨はそこまでは踏み込まなかったので、むしろ彼の軍縮は不徹底であるという批判を生んでしまったのである。しかも、減らした分の予算は国庫への返納を強いられて軍の近代化にまわすことはほとんどできなかったため、世論だけでなく陸軍も不満を抱えたままになった。

そして二年後、宇垣一成陸軍大臣時代の軍縮（一九二五年）においては、山梨軍縮の時にはできなかった師団数削減がなされ、世論の批判を和らげると同時に、削減予算の大部分を軍の近代化予算として転用することができた。とはいえ、それでも日本軍と列強各国の軍隊との格差は著しいものであった。一九二九年の時点で飛行機数は、英国は一五〇〇、米国は一六〇〇、ソ連は一〇〇〇であるのに対して、日本はわずか五〇〇である。戦車数も、英国は二二〇、米国は三六〇、ソ連は一八〇であるのに対して、日本はわずか四〇であった[15]。

しかし、それにもかかわらず、世論はさらなる軍縮を要求した。一九二九年の浜口内閣で宇垣は陸軍大臣に再任され、もう一度の軍縮を求められた。当然ながら陸軍は軍縮の圧力にうんざりしていたので宇垣に批判的であり、同時に世論や政党は反軍的であったので、文字通りの板挟みになった宇垣は二度目の軍縮を実現できないまま陸軍大臣を辞することになったのである。こうした流れの帰結について、高杉洋平は次のように重要な指摘をしている。

「宇垣軍縮の挫折は、近代化そのものに対する陸軍の熱意も削いだ。財政的理由から近代化が困難であるならば、強いて近代化にこだわることは、逆に軍事力の停滞を招くであろう。「軍事的合理性」の観点から、近代兵器以外の要素、たとえば精神力に依存せざるをえなくなったのである。しかし、このことは精神力への盲目的信仰を招いてしまった」[16]

日本軍の精神主義的傾向の背後にあったのは、すでに見てきた通り、「天皇の軍隊」という位置付け、風紀・軍紀を維持せねばならないという課題、そして日露戦争の経験など、さまざまなものがあった。だが一九二〇年代半ばから三〇年代にかけて、軍人は自分たちの軍隊を理想通りに改造することができない現実を突きつけられたため、なおさら精神論的な文句をならべて気勢を張るようになってしまったのである。それが行き着いたところが、例えば、後で紹介する荒木貞夫の『皇国の軍人精神』（一九三三年）などである。日本軍人たちにおける「精神力」の強調について、高杉は、軍人自身がそれを口にしているうちに「自己暗示」にかかってそれを信じ込んでいくようになったのではないかとも述べている。[17]

昭和日本軍の精神主義は、必ずしも軍部が自ら望んで育んだのではなく、時代状況や大衆の意識など、軍の外側にさまざまな背景があったことを鑑みたうえで評価する必要があるだろう。日本におけるこの軍縮期は、戦車や飛行機などが多く投入された第一次大戦の直後であり、つまり軍事的技術革新の時代であった。本来であれば積極的に予算や人員を増やしてしっかりと軍事と向き合い、軍の近代化をすすめることが重要だったのだが、日本人は結果として自ら軍の近代化を拒んでしまった。やがて多くの日本人を苦しめることになる昭和日本軍の精神主義は、資金や物的資源の不足という問題だけではなく、軍縮要求という形をとった平和主義や反軍感情など、大正デモクラシーにおける大衆の〝善意〟を土壌にして生まれ育ったようにも見えなくもない。

後の日本軍への影響

エリート軍人たちにとって、大正デモクラシー期における軍縮や軍人蔑視の風潮は、アジア太平洋戦争後になっても鮮明に覚えているほど強烈なものだったようだ。

高杉によれば、一九三九年の調査に基づく司法省刑事局のレポート『右翼思想犯罪事件の総合的研究』を見ると、軍部の政治的急進化と大正デモクラシー期の「軍縮」や「軍人蔑視」の風潮とのあいだには関係性があると認識されていたことがわかるという。[18] 軍縮によって多数の失業者を出したにもかかわらず、政党政治家は十分な同情を示さず、世論・大衆はただ軍部や軍人を蔑視し続けた。軍人たちの「受難」の記憶やトラウマが昭和陸軍のあり方にどのように影響を与えたのかについてはさらに緻密な研究が必要であろうが、注目に値するポイントであることは確かであろう。

すでに述べたように、一九三一年の満洲事変で時代の空気は変わる。大衆はその出来事に興奮し、戦線の拡大や満洲国建国を熱狂的に支持した。日本社会におけるそうした雰囲気は、それまでの軍人蔑視の風潮を吹き飛ばし、結果的に満洲事変は大正デモクラシーの終焉を象徴する出来事となった。この時から世相は反転し、軍人は一目置かれる存在になっていった。

では、当時の軍人たちは素直にそうした変化に満足して張り切ったのかというと、これもそう単純な話ではなかったようだ。軍部が活躍できる時代になったものの、それは軍人受難時代の屈辱を帳消しにすることにはならなかった。世相の急変によって、受難時代の暗い記憶はよりいっそう鮮明になり、理不尽で腹立たしいものとして軍人たちの心に刻み込まれたという。[19] 軍縮やデモクラシーを叫んで自分たちを抑圧した政治家や国民に対するルサンチマンは、軍部活躍の時代を迎えても容易に解消されるものではなかったようである。

高杉は、「こうした「ルサンチマン」は、のちに太平洋戦争が勃発して、軍人の社会的威信が史上前例を見ないほどに高まった「軍人万能時代」にも、軍人の意識を拘束し続けた」[20]と述べている。当時の関係者たちの証言からも、そうであることが確認できるようである。軍人たちからすれば、堕落した政治家や無理解な国民たちによって軍はそれまで不当な犠牲を強いられてきたのであり、自分たちは「被害者」であるという意識さえあったようだ。かつて拡大した反戦世論は、陸軍に国民教化がいかに重要であるかを教えることとなったのである。こうした背景も、アジア太平洋戦争期における軍人たちの発想、振る舞い、戦い方に影響を与えたと考えられる。

2　日本軍の「必勝の信念」

『統帥綱領』における精神の重視

さて、前置きが長くなってしまったが、ここから具体的に日本軍の文書における実際の精神主義的傾向について見てみよう。まず目を向けたいのは『統帥綱領』と『統帥参考』である。

『統帥綱領』というのは一九一四年（第二次改訂は一九二八年）に陸軍によって作成されたもので、簡単に言えば、軍隊を動かす際の基本的な考え方を示したものである。これは各軍司令部以上の作戦課に勤務する参謀が、年度毎の作戦計画案を作成するための手引書、参考書に類するもので、一部の将校のみに閲覧が許される「軍事機密」でもあった。[21]『陸軍大学校』（上法快男編、稲葉正夫監修）によれば、この『統帥綱領』は「大軍の統帥に必要な日本陸軍独特の無形的精神要素を重視しつつ、決勝会戦主義の思想で貫かれている点」[22]が特徴であるとされている。そして、確かに戦理と精神要素は不可分だとしつつも、「精神要素の著しい強調」が見られ、「論理と願望の混淆」をまねくおそれがあるとも指摘されている。[23]戦後に復刊されたこの

『統帥綱領』は企業経営の参考になる文書として利用される傾向もあり[24]、全体的に精神論・精神主義の色彩が濃いものであることは確かである。例えば、次のような一文がある。

「蓋シ輓近ノ物質的進歩ハ著大ナルヲ以テ、妄リニソノ威力ヲ軽視スベカラズト雖モ、勝敗ノ主因ハ依然トシテ精神的要素ニ存スルコト古来カワル所ナケレバナリ。況ンヤ帝国軍ニアリテハ、寡少ノ兵数、不足ノ資材ヲ以テ、ナオ能ク叙上各般ノ要求ヲ充足セシムべキ場合僅少ナカラザルニ於テオヤ。即チ戦闘ハ将兵一致、忠君ノ至誠、匪躬ノ節義ヲ致シ、ソノ意気高調ニ達シテツイニ敵ニ敗滅ノ念慮ヲ与ウルニ於テ始メテ能クソノ目的ヲ達スルヲ得べシ」[25]

ここでは、勝敗の主な要因は今も依然として「精神的要素」にあるとされ、「忠君ノ至誠」「匪躬ノ節義」の重要性が説かれている。そして、この文章の後では、軍隊の士気は指揮官の「威徳」にかかっており、将たる者は「高邁ノ品性、公明ノ資質及ビ無限ノ包容力ヲ具エ、堅確ノ意志、卓越ノ識見及ビ非凡ノ洞察力ニヨリ衆望帰向ノ中枢、全軍仰慕ノ中心タラザルべカラズ」[26]ともされている。勝敗を決する精神的要素は、軍人の倫理的道徳的な側面と連続したものとして捉えられていたことがわかる。

この『統帥綱領』は軍事機密として一部の将校しか閲覧できなかったと述べたが、今読むと果たしてこれは本当に「軍事機密」にするほどのものだったのか、少々疑問にも思えてくる。というのも、これは日本軍における最も大まかな方針や方向性を述べた抽象度の高いものなので、わざわざ公開する必要はないであろうが、仮にこれがアメリカ軍やその他の敵の手に渡ってしまったとしても直ちに軍事的に大きなマイナスが生じるとは考えにくいからである。この書物が軍事機密とされたのは、軍事上の合理的理由からというよりも、軍の根本的なあり方を論じるこの書物に対してある種の神聖性を付与するためだったのではないかとも感じられる[27]。

陸軍大学校などではこの『統帥綱領』に基づく教育がなされたが、それ自体は機密扱いのためそのまま用いることはできなかった。そこで、『統帥綱領』で述べられている原理原則をわかりやすく書き直したものが『統帥参考』である。この『統帥参考』の方が『統帥綱領』より分量も多いものとなっているが、そこでもやはり「信念」や「精神」の重要性が説かれている。具体的に見てみよう。

『統帥参考』における精神主義

ここでは、例えば次のような命題が示されている。すなわち、「戦勝ハ将帥カ勝利ヲ信スルニ始マリ敗戦ハ将帥カ敗戦ヲ自認スルニ因リテ生ス故ニ戦ニ最後ノ判決ヲ与フルモノハ実ニ将帥ニ在リトス」[28]。戦勝は将帥が勝利を「信スル」ことから始まるのであり、戦争というのは自分と相手との「自由意志ノ大衝突」であるともされている。

また「戦勝」とは「意志ノ勝利」なのであって、「勝利ハ物質的破壊ニ依リテ得ラルルモノニアラス敵ノ勝利ヲ得ントスル意志ヲ撃砕スルコトニヨリ獲得セラルルモノトス」[29]と解説されている。そして「軍ノ意志」とは結局のところ「将帥ノ意志」なので、つまり軍の勝敗は「将帥ノ意志」にかかっているというわけである。決して欠けていてはならないのは「将帥タルノ責任感ト戦勝ニ対スル信念」だとされており、「将帥ノ価値ハ其責任感ト信念トノ失ハレタル瞬間に於テ消滅ス」[30]ともされている。

敵に勝つために必須なのは、自ら「戦勝ニ対スル熱烈ナル信念」を持って部下たちを敵に向かわせることであるとされ、「信念ヲ貫ク」ことこそ「戦略戦術ノ巧拙ヨリモ遥ニ重大ナル意義ヲ有スル」[31]というのである。そして次のようにも断言している。

「実ニ戦争ニ於テハ百ヲ知ルヨリモ一ヲ信スルニ如カス百ノ知識ハ一ノ信念ニ因リテ撃倒セラルルモノナルコトヲ銘心セサルヘカラス蓋シ死生ノ巷ニ於テ一事ヲ遂行スルノ力ヲ有スルモノハ信念ニシテ知識ニアラサレハナリ」[32]

このように、日本陸軍は「戦略」や「戦術」よりも「信念」の方が重要であるとするのみならず、「知識」よりも「信念」の方が重要であるとも明言していたのである。

こうした指導や教育がなされていたことについて少々やっかいだと感じるのは、『統帥参考』においてはそうした「信念」重視の姿勢の根拠として、さまざまな具体的な戦史や軍人の例があげられているところである。実際には反証はいくらでもあると思われるが、これらの文章を書いた彼らとしては、「信念」の重視を過去の歴史を踏まえた上で導かれた合理的な根拠のある結論・教訓として主張し、教育していたのである。精神主義的発想それ自体をただ断言的に主張していたというよりも、これまでの歴史を学んでそこから教訓を得るとするならば、精神面を最重要視することが正しい、という論法なのである。この書物では、敵の宣伝謀略に対する警戒および対抗手段を持つことの重要性にも触れられているが、それもまた、敵による宣伝は自分たちの「精神」面に対する攻撃であると認識していたからである[33]。

なお、将帥に関しては「品性」や「自信」など、人格的な側面が重視されており、例えば次のように述べられている。「将帥ノ具備スヘキ資性ハ一ニシテ足ラスト雖堅確強烈ナル意志及其実行力ヲ第一トシ至誠高邁ノ品性、全責任ヲ担当スルノ勇気、熟慮アル大胆、先見洞察ノ機眼、人ヲ見ルノ明識、他人ヨリ優越シアリトノ自信、非凡ナル戦略的識見、卓越セル創造力並適切ナル総合力ハ実ニ将帥ニ必須ノ資性タラスンハアラス」[34]。こうした点についても、単なる道徳的な観点から論じられているわけではなく、モルトケやクラウゼヴィッツなどの例を出して、それらを根拠にして主張されている。
この『統帥参考』は、第五章から、やや唐突に「人間意志ノ自由」について詳しく論じられるようになる。例えば次のように述べられている。

「人ハ各々其意志ノ自由ヲ有シテ自己ノ存在ヲ意識シ其存在ヲ成ルヘク永ク保持セントスル本能ヲ有ス統帥ハ即チ意志ノ自由ヲ有スル人間ヲシテ其本能的ニ保持セントスル生命ヲ抛チ敵ノ意志ノ自由ヲ奪ヒ之ヲ圧伏センカ為ニ邁進セシムルモノナリ之ヲ以テ統帥ニ関スル学理ハ『意志ノ自由』ト『死』ニ関スル学理ナリト言フモ過言ニアラス」[35]

このような理解に立ったうえで、統帥者は、「被統帥者ノ精神」を準備せねばならないという。それこそが統帥の重大事項であり、そうした「精神的準備」があってはじめて部下は「統帥者ノ軍隊」になるのだという。[36]統帥者は軍隊に「精神ヲ注入」することによって、その軍隊を完全なる一体として活動させることができるのだとされるのだが、被統帥者の精神を恒久的なものとするには「「誠」ヲ基礎トシ赤心ヲ人ノ腹中ニ置ク」[37]ようにせねばならないとしている。

日本陸軍が「退却」を嫌って頑固なまでに「前進」「攻撃」にこだわったことはよく知られ

ている通りだが、その理由も、「精神」に関するこだわりにある。『統帥参考』では「戦ノ運命ヲ左右スルモノハ物質的損害ノ多寡ニアラスシテ実ニ精神的打撃ノ大小ニ在リ」とされた。そのうえで、「退却」という行為の問題点は、それが自分たちの精神には打撃となり、敵の精神には優越感を与えるものとなって、結果的に「精神上ニ倍ノ損失ヲ招ク」[38]ところにあるとされたのである。そうした考えのもとで、「形而上ノ損失カ形而下ノ所得ニ因リテ十分ニ補償セラレ再ヒ精神ノ優越ヲ恢復シ得ルコト確実ナルニアラサレハ退却ヲ行フヘキモノニアラス」[39]と指導されていたのだ。

あらゆるところで強調された「信念」

では、次に別の文書を見てみよう。私の手元に『歩兵全書』[40]という本がある。コンパクトな手帳サイズだが、厚さは約六センチもあって聖書のように分厚い。これは「軍人勅諭」から始まり「歩兵操典」「諸兵射撃教範」「作戦要務令」「野戦築城教範」「軍隊内務書」「諸兵通信法教範草案」「陸軍刑法」「衛生法及救急法」「軍隊符号」など、計二一の文書が収められているもので、つまりは陸軍に関連する基本文書や教範などを一冊に合本したものである。これに収められている諸文書を見ても、やはり日本軍では「信念」や「精神」の類が強調されていたことが確認できる。

例えば、一九三八年に公布された「作戦要務令」の冒頭には次のように書かれている。

「訓練精到ニシテ必勝ノ信念堅ク軍紀至厳ニシテ攻撃精神充溢セル軍隊ハ能ク物質的威力ヲ凌駕シテ戦捷ヲ完ウシ得ルモノトス。
必勝ノ信念ハ主トシテ軍ノ光輝アル歴史ニ根源シ周到ナル訓練ヲ以テ之ヲ培養シ卓越ナル指揮統帥ヲ以テ之ヲ充実ス」[41]

このように冒頭から「必勝ノ信念」という言葉が繰り返し出てきている。それは「物質的威力」を凌駕するものだというのである。そして、この記述の後も「攻撃精神」は「忠君愛国ノ至誠ヨリ発スル軍人精神ノ精華」であるとされ、勝敗は兵力の多寡ではなくあくまでもその「攻撃精神」にかかっているとされている。[42]さらに、指揮官は軍隊指揮の中枢にして団結の核心であるので、「熾烈ナル責任観念」と「鞏固ナル意志」と「高邁ナル徳性」を備えていなければならないとも述べられている。[43]

「作戦要務令」におけるこのあたりの記述は「歩兵操典」の冒頭でもほぼそのままの形で使われている。「歩兵操典」では、そうした「必勝ノ信念」について述べられた後はその題の通り歩兵に関する記述が中心となるが、一つの章で戦闘時の兵一般の「心得」について説かれており、その記述もなかなか興味深い。そこでは、戦闘が激烈になって死傷者が続出し、指揮官が倒れても、それでも兵は戦友と励まし合って任務に邁進せよと書かれている。弾薬を撃ち尽くしたら銃に着剣して自若として構え、「最後ノ一人トナルモ尚毅然トシテ奮戦スベシ」[44]と説かれ、次のように述べられている。

「兵ハ剛胆ニシテ耐忍ニ富ミ勇猛ニシテ志気旺盛ナラザルベカラズ戦場ノ惨状ヲ誇張シ或ハ自己ノ苦痛ヲ訴ヘ又ハ状況ヲ悲観セルガ如キ言動ハ厳ニ之ヲ慎ムベシ」[45]

また、敵は絶えず「巧妙ナル思想戦ヲ以テ我ガ軍ノ崩壊ヲ企図」しているが、それを正しく感知することは困難なので、兵はひたすら上官を信頼せねばならない、と続けられている。[46]

突入時の小隊長の動作に関しては、「小隊長ハ率先先頭ニ立チ猛烈果敢ニ突入スベシ」[47]とある。味方の砲兵による支援射撃を受けながら突撃する際は、突撃支援射撃の開始と同時に発進し、「我ガ集中砲弾ノ濃密部ニ近迫シ最後ノ砲弾ニ膚接シテ突入スベシ」とされ、さらに次のように続けられている。

「精練ニシテ攻撃精神ニ富メル軍隊ハ縦ヒ友軍ノ砲弾ヲ被ルモ毫モ意ニ介スルコトナク突進

シ得ルモノニシテ此ノ際受クル損傷ハ敵ヨリ被ルベキ大ナル損害ヲ償ウテ余アルモノナリ」[48]

また歩兵砲（歩兵が独自で運用する大砲の一種）を扱う者には、「常ニ犠牲的精神ヲ発揮シテ第一線ニ活躍シ歩兵戦闘ノ機微ニ投ジテ火力ヲ発揚シ戦闘ノ要求ヲ遺憾ナク充足スル」[49]ことが求められるとしている。そして退却の際にも「歩兵砲ハ損害ヲ顧ミズ自ラ友軍ノ犠牲トナリ我ガ退却部隊ニ最モ危害ヲ与フル重火器、戦車等ヲ猛射シ以テ友軍ノ行動ヲ容易ナラシムベシ」[50]とされているなど、とにかく歩兵砲を扱う者は他の歩兵たちの「犠牲」になることが強調されているのである。

「必中の信念」と「犠牲的精神」

次に「諸兵射撃教範」を見てみよう。その文書は、その名の通り射撃に関する教科書で、図や数値表なども多く用いながら、射撃およびその指導法について詳細に説明したものとなっている。射撃は純然たる技術ないしは物理学的事柄でもあるので、ここにおいては精神主義の傾向はいくぶん弱まり冷静になっているような印象も受ける。例えば「命中不良ハ射手ノ怠慢放逸ニ依ルコト稀ニシテ……」[51]とあり、射撃術教育に際しては「懇切ニ之ヲ指導シ苟モ激情ヲ以テ之ニ対スルコトアルベカラズ」[52]とされている。ただし、ここでも「信念」の強調がまったくないわけではない。

「射撃ハ精神充実セザルトキハ実戦ニ於テ其ノ真価ヲ発揮シ難シ故ニ射撃教育ニ方リテハ常ニ思ヲ実戦ノ光景ニ致シ弾丸雨飛ノ間尚克ク旺盛ナル責任観念ト必中ノ信念トヲ以テ正確ナル射撃ヲ実施シ十分ナル効果ヲ収メ得ルノ技能ヲ養成スルコト緊要ナリ」[53]

射撃教育においては、「射手ノ性質、体格ニ適応スル教育」を施すことが重要とするが、それは「如何ナル場合ニ於テモ銃ニ信頼シ必中ノ信念ヲ以テ正確ナル射撃ヲ実施シ得ルノ自信ヲ有スルニ至ラシメ」[54]ることが大切だとされている。他の文書で多く見られる「必勝の信念」が、射撃教範では「必中の信念」となっており、結局「信念」が重視されている点はぶれていない。

次は「軍隊内務書」である。その冒頭では、兵営とは苦楽を共にし死生を同じくする「軍人ノ家庭」であるため、したがって兵営生活では「軍人精神ヲ涵養シ軍紀ニ慣熟」することが要であるとされている。そして軍人精神については次のように述べられている。

「軍人精神ハ戦勝ノ最大要素ニシテ其ノ消長ハ国運ノ隆替ニ関ス而シテ名節ヲ尚ヒ廉恥ヲ重ンスルハ我武人ノ世〻砥礪セシ所ニシテ職分ノ存スル所身命ヲ君国ニ献ケテ水火尚辞セサル

モノ実ニ軍人精神ノ精華ナリ」[55]

ここで「服従」について説かれている箇所も興味深い。そこでは、「服従ハ高潔ナル犠牲的精神ヨリ出テ弾丸雨注ノ間尚克ク身命ヲ君国ニ献ケ一意上官ノ指揮ニ従フニ至ルヘキモノ」[56]であるとされている。軍隊において「服従」が重視されるのは万国共通だが、日本軍ではその「服従」の概念もまた「犠牲的精神」と連関したものとして捉えられていたようである。

『従軍兵士ノ心得』で述べられていること

では次に、一九三八年に大本営陸軍部から発行された全二五頁からなる冊子『従軍兵士ノ心得』を見てみよう。

日中戦争が始まって約一年後につくられたその冊子では、タイトルの通り軍人になるうえでの心得が要約されている。どのような場面で配布されたものなのかは不明だが、アメリカとの戦争が始まる前にすでに日本軍人の持つべき「心得」のエッセンスがまとめられたものとして興味深い。全体的な理念としては軍人勅諭と同じと言っていいが、それよりもはるかに噛み砕いた内容となっており、さまざまな命令調の小見出しがつけられて順に解説がなされている。それら小見出しのいくつかを紹介しよう。

・帝国ノ理想ヲ把握シ皇軍ノ使命ト時局トヲ正シク認識セヨ
・人生ヲ達観セヨ
・上官ニ対シテハ心ヨリ絶対ニ服従シ且礼儀ヲ正シクセヨ
・戦闘間ハ生死ヲ超越シテ勇敢ナレ、而シテ飽クマデ必勝ノ信念ヲ堅持シ最後迄頑張リ通サネバナラヌ
・兵器ヲ大切ニシ、資材ヲ愛護節用セヨ
・死傷者ヲ尊敬セヨ
・戦地ニ於ケル敵意ナキ支那民衆ヲ愛憐セヨ
・宣伝並ニ防諜ニ注意セヨ
・内地帰還ニ際シテハ言動ヲ慎ミ謙譲ナレ

ここで興味をひかれるのは、二つ目の「人生ヲ達観セヨ」である。

上官に服従せよとか、勇敢であれとか、兵器を大切にせよとか、そういったものは兵士の義務として理解はできる。だが「人生ヲ達観」することを命じるというのは、職業的な規範の枠をこえたもののように感じられる。その小見出しの後の本文は、「人生ハ決シテ享楽スルコト

ガ目的デモナク又幸福デモナイ」と書き始められ、「苦ハ楽ノ種デアル、如何ニ苦労シテモ過ギ去レバ極楽デアル、愉快ナ思出トナルモノデアル」[57]などと書かれている。そして「私慾ニハ限リガナイ、故ニ私慾ヲ追ツテ居テハ何処迄行ツテモ満足ハ得ラレズ不平不満ガ絶エヌ」[58]と続いている。それから「軍人タルノ本分ヲ忘レ私慾ノ奴隷トナリ刹那《セツナ》的快楽ヲ得ヤウトスレバ結局軍紀ヲ紊リ軍律ニ照シテ処分セラレルカ、或ハ天罰ヲ受ケテ悪イ病気ニテモ感染スルノガ落デアラウ」[59]などと述べられている。成人に向けて書かれた道徳としてはいささか幼稚な印象も受けるが、すでに述べたように、これは大本営陸軍部によって書かれたものである。

この文書でもやはり他と同様に「必勝ノ信念」に言及されており、「戦闘間ハ生死ヲ超越シて勇敢であれ、と説かれている。その部分では、「義ハ山岳ヨリモ重ク死ハ鴻毛ヨリモ軽シト覚悟シ……」と「軍人勅諭」と同じ表現が用いられ、「死生ヲ超越シテ勇戦奮闘スルハ古来皇国軍人ノ伝統デアル」[60]とされている。そして、兵たる者は「命ゼラルルガママニ生死ヲ忘レ運ヲ天ニ任セテ勇敢ニ行動スベキ」であり、「影日向《カゲヒナタ》ナク正シク強ク行動スル所、鬼神モ避クベク、神仏ノ加護モアルデアラウ」[61]などと述べられている。最終的には「鬼神」や「神仏」が出てくるところが興味深い。

国民全体が奉ずべき「軍人精神」

では次に、一九三三年に当時陸軍大臣だった荒木貞夫によって書かれた『皇国の軍人精神』をみてみたい。

この本の冒頭には「軍人勅諭」が掲げられており、その後から本文が始まっている。荒木は序文で「皇国の軍人精神」とは「国民精神を根底とし、明治天皇下賜の勅諭により、聖典として渾成されたもの」[62]であるとしている。この本は全七八頁を一〇の章に分けた構成になっており、書名の通り「軍人精神」とは何かがテーマである。だが、そこで論じられている内容は、いわゆる精神論という枠を超えて、最終的には宗教的倫理といっても過言ではないようなものになっているのである。

まず、荒木は、天照大御神の三種の神器から話を始めている。彼によれば、三種の神器のうち、鏡は「公明正大」を象徴し、勾玉《まがたま》は「仁慈博愛」を意味し、剣は「勇武」「断行」を表明するという。この三種の神器の象徴する精神こそ「皇道精神」であり、また「国家的精神」でもあるとしている。彼によれば、建国精神の一つでもあるところの「武勇」は、「公明」と「仁愛」の精神によって発揮されてきたとされる。そしてそれを実践したものは「大乗的武士道」であると彼は述べている。その大乗的武士道とはいったい何なのかについて十分な説明はなされていないが、どうやらそれは「軍人精神」ともほぼ同じものとして捉えられているようである。

荒木の中では「皇国の大精神」は「真・善・美の極致」ともされており、それを世界に光被《こうひ》させるために、「皇道を翼賛して、荊棘を拓き、混沌を正して進むこと」が「国民久遠の使命」なのだとしている。[63] 荒木はここで、日本の神話を背景にして日本人のあり方を道徳的に基礎づけようとしているように見える。彼によれば、「武勇」は公明正大と仁義博愛の精神をともなって発揮されるものであることは日本の国民性に深く浸透したという。そして「尚武」（武勇や軍事を重んじること）は、「神惟なる道徳律」と結びつけられ、それが「日本魂」「日本道」として国民精神を培ったとされている。[64]

注目したいのは、荒木は「軍人勅諭」を単に軍人に関するものとしてではなく、日本国民全体に適用すべき普遍的な道徳の基準として位置づけようとしている点である。彼によれば、「軍人勅諭」は「軍人の経典」であり、「大君のへにこそ死なめ」の信念、および「一死報国」の精神を奮い起こさせるものである。しかし、それは同時に「国民道徳の大本」として奉戴すべきものだというのである。[65]「軍人勅諭」には「忠節」「礼儀」「武勇」「信義」「質素」の五つが挙げられているが、それは軍人のみに対する聖諭ではなく、「国民道徳の基準」「国民道徳の経典」でもあり、「大和民族の倫理的至宝」であるとも言わねばならないとされている。[66] 軍人精神というのは、単に戦場で将兵の士気を支えたり鼓舞したりするだけのものではなく、国民道徳と一体のもの、あるいは国民道徳のエッセンスのようなものと解されているところに荒木の考え方の特徴がある。軍人精神と国民道徳は「一体なるべきもの」[67]なのである。彼は次のようにも述べている。

「要するに我軍隊は天皇の統率し給ふ全国民による軍隊であるが故に、軍人精神の涵養はその根基を国民精神の作興に置かねばならぬ。即ち軍人精神と国民精神と一あつて二なく、両者は単に其の形名を異にするのみである」[68]

軍人は単なる戦闘員ではなく、「国民の模範典型」となることが意識されていなくてはならないという理解が荒木の根本にある。そのため、「軍隊教育を以て、国民精神の陶冶に資する」ことが志向されている。[69]軍人にとって「軍人精神」が重要なものであることは当然だが、それは「国民全部が之を奉ずべき」[70]ものだともされているのである。換言すれば、荒木は自分たち軍人を国民が見習うべきものとして位置づけようとしていたようにも見える。

精神的道徳的に優秀なる軍隊へ

荒木の議論のもう一つの特徴は、諸外国の軍隊と比較しながら日本の軍隊のあり方を示そうとしている点である。いわゆる皇道派の代表的人物とされる荒木は「皇軍」という言葉をよく用いたが、そこでは他国の軍隊との質的差異が強く意識されている。

荒木によれば、外国の軍隊というのは、元首もしくは特権階級のために民衆を威圧して、あるいは他国を攻略するなどして、その指揮者の覇権を達成するための機関に過ぎないものが多かったという。それに対し、日本の軍隊「皇軍」は、「肇国の当初、我軍隊は八百万の軍神即ち神洲組成の国民によって構成せられ　天皇親しく之を統率あらせられた」[71]ものだとされる。中世紀以降、武士は特権階級となったが、明治維新をへて「国民皆兵の大本を復古」し、建国以来の常道に還《かえ》り、国防の責任は国民全体が担い、軍隊は天皇によって統率されることになったという。

荒木が「外国」「他国」という時に具体的にどの国々を念頭においているのかは不明確だが、日本の軍隊は天皇の統帥のもとに全国民によって組織され、支持されているという点で「他国の比儔を見ない」とされている。[72]重要なのは、そうした日本軍の存在が荒木においては道徳的な正当性と結び付けられている点である。彼によれば、日本軍すなわち皇軍は、「肇国の大理想に基く明治天皇下賜の勅諭を奉戴し、皇道宣揚、国徳布施の聖戦に従ふ道徳的存在を以て自任する」[73]というのである。

荒木は、現代においては兵器が著しく進歩しており、軍隊において科学的知識が重要であることも一応わかってはいる。しかし、それでも彼は、実際の戦争は「精神力が戦争を支配する要素であること」[74]を実証しつつあるのだと主張する。「即ち、戦勝の要素は単に物質的力のみにあらずして、優れたる兵器を駆使する能力、軍隊の精神力と共に国民一致の不撓なる精神とにある」[75]。荒木はこのように述べたうえで、日本の軍備は他とくらべて遜色を免れないとするが、そこで「我国の自ら頼みとするは人的要素であり、精神力である」[76]とするのである。

ただし、日本は単純に物質的側面において劣るがゆえに仕方なく精神的側面を強調することで認知的不協和を軽減させようとしているのかというと、そういうわけでもない。荒木によれば、日本軍では軍人勅諭を基礎として「道徳的存在としての軍人精神の鍛錬」に重点が置かれ、戦闘技能については、「此道を具現実施すべき為めの必勝の道程として熟練せしむる方針」としたうえで、[77]次のように明言している。

「諸外国の軍隊教育は要するに戦闘に際して技術的に優秀なる兵を造り上げげんとするにあるが、我国に於ては、技術の点より以上に精神的道徳的に優秀なる軍隊を形成することを目的としている」[78]

どの国の軍隊でも、将兵の精神的側面を重視するのは普通のことである。だが、自分たちは「技術的」な面よりも「精神的道徳的」な面の方を重視し、「精神的道徳的に優秀なる軍隊を形成すること」が軍隊教育の「目的」なのだと陸軍のトップが明言する例は、少なくとも二〇世紀半ばの軍隊においては珍しかったのではないだろうか。彼は別の箇所でも、戦闘技能がいかに優秀であろうと、「精神の鍛錬」に欠けているならば皇国軍人の資格はないとも述べている。[79]

荒木によれば、軍隊に必要なのは統御と服従だが、外国の軍隊においてはそれらは法規によって強制されるか、あるいは功利的に馴致されるという。彼はそれを指して、単なる階級的な圧迫や軍律の権威だけでは、いざ戦場においてその軍隊の力は十分に発揮されないので、日本の軍隊では「道徳的観念」によって統御と服従がなされねばならないと主張するのである。

「宗教的服従」としての軍人精神

荒木は、軍隊における命令を絶対的なものとして献身的にそれに従うには、将兵が自らの本分を自覚し、自分が受ける命令を天皇からの命令として「自発的に信奉」する「道徳的観念」がなくてはならない、とも述べている。[80] 上官の命令に従うという軍人の職業的義務を、彼は道徳的な正しさとして説いているのである。

だがさらに、日本軍人のみならず、国民みなが持つべき「軍人精神」は、単なる道徳や倫理にとどまるものでもないとして、彼は次のようにも述べているのである。

「軍人精神の根幹たる誠心の発露する極致は宗教的服従にまで進むに至る」[81]

軍人において何より重要なのは「服従」であるが、荒木はそれを「宗教的服従」だと説明するのである。彼がそこで例に出しているのは、上海事変時の爆弾三勇士である。爆弾三勇士とは、敵の陣地に突破口を開くために破壊筒をもって突撃して死んだ三人の兵士のことである。荒木は彼らの態度を「軍人精神発露の極致」であると絶賛し、それを「死の彼岸に栄光を認むる宗教的態度」であるとも評しているのである。[82]

荒木は別の箇所で、「我軍人精神は戦場に臨んで、光栄の勝利か、しからずんば光栄の死か、此の二途以外に進むことを許さない」とし、「退却」と「降伏」は「我軍隊に於いて絶対の忌語」であると述べている。[83]このような断言と圧力の根拠を荒木は「武士道」に求めており、またすでに述べたように、彼は「大乗的武士道」という言葉も出している。それがどのようなものなのか積極的な説明はなされていないままだが、彼はあたかも自明のものであるかのようにその言葉を繰り返し用いている。

このように、荒木の『皇国の軍人精神』は、天照大御神と三種の神器の話から始まって、若い兵士たちの死を彼岸の栄光として称賛している。だが、はっきり言って、そこに思想としての深みがあるとは言い難く、これは当時五六歳だった彼のいささか浅薄な宗教的陶酔のなかからひねり出されたものに過ぎないという印象を受ける。荒木の言葉は、ルース・ベネディクトの『菊と刀』のなかでも「狂信的軍国主義者」による過度な精神主義の例として紹介されている。[84] 確かに一般には、戦中の日本は「軍国主義」に染まっていたと言われることが多い。その一方で、かつての日本には軍国主義が蔓延していたというよりも、むしろきちんと軍事を研究する真の軍国主義者がいなかったのではないかという見方もあるようだ。[85]

他人に対しては「宗教的服従」を説き、「退却」を禁じ、「光栄の死」を勧めていた荒木自身は、戦争を生き延びて八九年の人生を全うした。

1 吉田裕『日本の軍隊――兵士たちの近代史』岩波新書、二〇〇二年、一八二頁。
2 山本七平『ある異常体験者の偏見』文春文庫、一九八八年、三六頁。
3 藤原彰「統帥権独立と天皇の軍隊」(『日本近代思想大系 軍隊 兵士』岩波書店、一九八九年)四八〇頁を参照。
4 三谷太一郎『日本の近代とは何であったか――問題史的考察』岩波新書、二〇一七年、二一三～二一九頁。
5 熊谷光久『日本軍の精神教育――軍紀風紀の維持対策の発展』錦正社、二〇一二年、九四頁。

6 同書、二一一頁。
7 同書、二九頁。
8 同書、二〇頁。熊谷によれば、幕末の軍事の西洋化は洋式銃砲と洋式軍艦の採用、およびそれらを用いた戦闘方式という目に見えるものから始まったが、明治新政府の時代に入ってまもなく「組織」や「精神」などの点でも西洋化が顕著になったという(三八頁)。
9 陸軍と海軍それぞれの「読法」は、熊谷光久の前掲書(三六〇〜三六二頁)に所収。陸軍の「読法」とその解題は、『日本近代思想大系 軍隊 兵士』の一七九〜一八〇頁。
10 上法快男編、稲葉正夫監修『陸軍大学校』芙蓉書房、一九七三年、一二二〜一二三頁。また、大島浩は『偕行』(一九七三年五月号)でメッケルについて次のように述べている。「精鋭なる軍の最大なる要素は、軍人精神であるというのが、少佐〔メッケル〕の持論であったゆえによく日本将校のサムライ的気質を観破し、これを高く評価しつづけていたのであった」(『陸軍大学校』一一三〜一一四頁)。
11 石井雅巳の『西周と「哲学」の誕生』(堀之内出版、二〇一九年)によれば、西は決して単なる国体論的なイデオロギーの構築を目指していたわけではないという。西による「軍人訓誡」「軍人勅諭」起草の意図については、同書七七〜九四頁を参照。
12 谷口眞子「西周の軍事思想――服従と忠誠をめぐって」(『総合人文科学研究センター研究誌(WASEDA RILAS JOURNAL)』No. 5、二〇一七年)、谷口眞子「思想史と軍事史の架橋――西周「兵家徳行」をめぐって」(『早稲田大学大学院文学研究科紀要』第六五巻、二〇二〇年)などを参照。

13 藤原彰『日本軍事史　上巻　戦前篇』社会批評社、二〇〇六年、一七一～一七四頁。
14 高杉洋平「軍縮と軍人の社会的地位」（筒井清忠編『昭和史講義2――専門研究者が見る戦争への道』ちくま新書、二〇一六年）、および、高杉洋平「「軍縮期」の社会と軍隊」（筒井清忠編『大正史講義』ちくま新書、二〇二一年）を参照。
15 高杉洋平「「軍縮期」の社会と軍隊」四〇一頁。
16 同書、四〇二頁。
17 同書、四〇三頁。この時期の軍縮については、同じ高杉による「軍縮と軍人の社会的地位」、および「「軍縮期」の軍人と世論――軍国主義台頭の背景」（筒井清忠編『昭和史研究の最前線――大衆・軍部・マスコミ、戦争への道』朝日新書、二〇二二年）を参照。
18 高杉洋平「軍縮と軍人の社会的地位」二一三～二一四頁。
19 同書、二一五～二一六頁。
20 同書、二一六頁。
21 「統帥綱領」は敗戦時にすべて焼却されたはずだったが、奇跡的に残っていたものを元にして、一九六二年に『統帥綱領・統帥参考』として偕行社から復刊された。
22 『陸軍大学校』二二七頁。
23 同書、二二八頁。
24 例えば、大橋武夫『統帥綱領入門　会社の運命を決するものはトップにあり』（ＰＨＰ文庫、二〇一四年）など。同様の点は、『陸軍大学校』（二二八頁）でも指摘されている。
25 「統帥綱領」（『統帥綱領・統帥参考』）五四二頁。

26　同書、五四三〜五四四頁。
27　司馬遼太郎は、特定の将校のみがこの文書を読むことが許されたことなどを指して「秘密結社のようなにおいがする」とも述べているが、それも決して邪推ではないかもしれない（『この国のかたち　一　1986〜1987』文藝春秋、一九九〇年、五六〜五七頁）。
28　「統帥参考」（『統帥綱領・統帥参考』）四五頁。
29　同書、四五頁。
30　同書、四六頁。
31　同書、四七頁。
32　同書、四七頁。
33　「精神ノ準備ハ即チ重要ナル作戦準備ノ一ナルヲ以テ敵ハ極力宣伝謀略ヲ用ヒ我カ精神準備ヲ妨害シ又ハ破壊スルニ努力スヘク之カ対抗手段ヲ講スルコト緊要ナリ」（同書、八四頁）。
34　同書、四八〜四九頁。
35　同書、六四〜六五頁。
36　同書、七九〜八〇頁。
37　同書、八二頁。
38　同書、三六五頁。
39　同書、三六五頁。
40　闘太常編『歩兵全書』川流堂、一九四〇年。
41　「作戦要務令」（闘太常編『歩兵全書』）一頁。

42 同書、二頁。
43 同書、三頁。
44 「歩兵操典」(關太常編『歩兵全書』)二九～三〇頁。
45 同書、三〇頁。
46 同書、三〇頁。
47 同書、五二頁。
48 同書、五二頁。
49 同書、一〇四頁。
50 同書、一六二頁。
51 「諸兵射撃教範」第二部(關太常編『歩兵全書』)二頁。
52 同書、二頁。
53 「諸兵射撃教範」第一部(關太常編『歩兵全書』)一頁。
54 「諸兵射撃教範」第三部(關太常編『歩兵全書』)一頁。
55 「軍隊内務書」(關太常編『歩兵全書』)一頁。
56 同書、二頁。
57 大本営陸軍部「従軍兵士ノ心得」第一号、一九三八年、四頁。
58 同書、四頁。
59 同書、五頁。
60 同書、一一頁。

61 同書、一一頁。
62 荒木貞夫『皇国の軍人精神』朝風社、一九三三年、「序」二頁。
63 同書、八頁。
64 同書、九頁。
65 同書、一〇頁。
66 同書、一三頁、二二頁。
67 同書、四一頁。
68 同書、二二頁。
69 同書、二五頁。
70 同書、四一頁。
71 同書、一六頁。
72 同書、一八頁。
73 同書、一八頁。
74 同書、六六頁。
75 同書、六六〜六七頁。
76 同書、六七頁。
77 同書、二三〜二四頁。
78 同書、二四〜二五頁。
79 同書、四八〜四九頁。

80　同書、三二一頁。
81　同書、三三三頁。
82　同書、三三三頁。
83　同書、一九～二〇頁。
84　ルース・ベネディクト『菊と刀――日本文化の型』長谷川松治訳、講談社学術文庫、二〇〇五年、三七頁。
85　小室直樹『新戦争論――〝平和主義者〟が戦争を起こす』光文社文庫、一九九〇年、二五頁。

第五章　宗教と平和のアイロニー

1　宗教の軍事的な側面

イーハトーブと満洲国

前章では日本軍を中心に見てきたが、昭和陸軍のなかでも特に名の知られた軍人の一人として、石原莞爾がいる。石原と言えば、一般には満洲事変の立役者として記憶されている人物で、彼についてはすでに多くの本が書かれている。本書のテーマから興味深いのは、彼が若い時から自覚的に仏教の信仰をもっており、日蓮系の仏教組織「国柱会」に入っていたことである。石原は『戦争史大観』や『最終戦争論』などを書き残したが、そこで開陳されている彼の戦争観や歴史観には明らかに宗教的な側面があり、自らの信仰を色濃く反映したものとなっている。

石原自身によれば、彼が日蓮の信者になったのは一九一九年で、国柱会の信行員になったのは一九二〇年のことのようだ。彼は『戦争史大観』のなかで、「日蓮聖人の「前代未聞の大闘《とう》諍《じょう》一閻《えん》浮《ぶ》提《だい》に起こるべし」は私の軍事研究に不動の目標を与えた」[1]と述べている。「大闘諍」

とは大きな戦争のことで、「閻浮提」とは私たちが住むこの世界のことである。彼は『最終戦争論』でも仏教の予言について長々と解説をしており、日蓮聖人の「重大な予言」として「日本を中心として世界に未曾有の大戦争が必ず起る。そのときに本化上行が再び世の中に出て来られ、本門の戒壇を日本国に建て、日本の国体を中心とする世界統一が実現する」[2]と述べている。そして、さらに「世界の統一は本当の歴史上の仏滅後二千五百年に終了すべきものであろうと私は信ずるのであります」[3]などと続けている。石原が結果的に社会に与えた影響を考えると彼をどう評価するかについては慎重にならねばならないが、いずれにしても、その思想と行動に宗教が大きく関わっていたことは明らかである。それが決定的な要素だったといっても過言ではないだろう。

ところで、同じ国柱会に入っていた人物として、もう一人有名人がいる。それは、詩人で童話作家の宮沢賢治である。石原莞爾は武力闘争に躊躇しない軍人であったのに対して、宮沢賢治は「イツモシヅカニワラッテ」いるような平和主義的なイメージのある人物だ。彼は一八歳の頃に『法華経』と出会い、亡くなるまで法華信者であり続けた。彼が田中智学《ちがく》に心酔して国柱会に入ったのは、奇しくも石原と同じ一九二〇年であり、当時、賢治は二四歳だった。『春と修羅』や『注文の多い料理店』を刊行する四年ほど前にあたる。正反対のタイプにも見えるこの莞爾と賢治が、実は同じ宗教団体に属していたというのは非常に不思議だと感じられる。

石原莞爾と宮沢賢治のそれぞれにおける信仰の動機、信仰形態の変化、その内実等については、すでに豊富な先行研究がある。宗教史・宗教社会学を専門とする大谷栄一は、浩瀚《こうかん》な『日蓮主義とはなんだったのか――近代日本の思想水脈』のなかで「日蓮主義第二世代」であるこの二人について触れ、彼らがそれぞれどのようにそれを信仰していたのかについてまとめている。大谷によれば、石原莞爾の信仰は「日蓮聖人の国体観」と「予言」を中核としていたのに対し、宮沢賢治の場合は「国土」が重視されていた。[4] この二人を含む「日蓮主義」は、現代日本を理解するための大きな背景としても非常に重要なものであるだろう。

宮下隆二はもっぱらこの二人に焦点をあてて『イーハトーブと満洲国――宮沢賢治と石原莞爾が描いた理想郷』を書いた。宮下は「この二人の最大の違いは、一方が軍人を生業とし、もう一方が教師であり農民であったという、それだけの理由に過ぎないのではあるまいか」[5] と述べている。賢治と莞爾、イーハトーブと満洲国……、この一見したところ正反対で、互いに相容れないように見えるこの両者は「結局、日蓮に源流を発する同じ理想の、別の表れであった」[6] と宮下は言う。彼によれば、賢治は心のユートピアを目指したのに対して、莞爾は現実のユートピアを実現しようとした。ただし、「賢治が光で莞爾が闇であるというような、単純なものではない。賢治にも、狂気に繋がる部分があったたし、莞爾にも多くの人を惹きつける理想の光があった。それぞれが、理想郷を目指したのである」[7] と彼はまとめている。

私自身は石原莞爾についても宮沢賢治についても深く研究をしたことはないので、ここで両者をあれこれと批評することはしない。だが、二人が同一の宗教に属しながらも一見したところ正反対に見える生き方をした点は非常に面白いし、実は両者は正反対だったのではなくその本質においてはむしろ似ていたという見方もありうるならば、それもまた大変興味深いと思うのである。

宗教は社会に大きな影響を与えるが、同時に宗教自体もその社会から影響を受けて変化していく。ダイナミックに変化し続ける宗教が、各時代に生きる一人ひとりの人生に影響を与え、そして例えば莞爾の場合は軍事、賢治の場合は文学という形で、それぞれの信者たちがまた、その社会やそこで暮らす他の人々に影響を与え返していく。宗教は、人間や社会を理解しようとする上で決して無視できない文化であるが、しかし、宗教だけで生き方や考え方のすべてを規定できるのかというと、人間はそこまで単純ではない。宗教といえども、その影響下にある全ての人々に同じような生き方をさせることなどできない。同じ信仰をもっているように見えても、結局人々の人生は十人十色である。

考えてみれば、プーチンも、トランプも、マザー・テレサも、みな同じキリスト教徒である。同じ宗教でも生き方がさまざまなのは当たり前のことであり、別に石原莞爾と宮沢賢治の組み合わせだけが特に珍しいわけではない。宗教とは、そもそも、そういうものなのである。だがそうした現実は、人間の可能性というか、限界というか、あるいは本性のようなものを象徴しているようにも見える。

同じ宗教のなかで凄惨な闘争が繰り広げられることもあれば、異なる宗教の人々のあいだでも十分に安寧が維持されることもある。信仰があってもなくても、人は人を愛し、人は人を殺すのだ。無宗教だけれども人間的に素晴らしい人もいれば、その一方で、自分では信仰深いクリスチャンだと思っていたり立派なムスリムだと思っていたりするようだけれどもはっきり言って単に独善的で面倒くさいだけの人もいる。人間と宗教のこうした不思議なありようは、「平和」という問題を考えるうえでも、重要な何かを示唆しているような気がするのである。

キリスト教における軍事的イメージ

本章では、最終的には「平和」について考えたい。宗教が求めているのは「平和」であるが、戦争や軍事が究極的に目指しているのも「平和」だからである。

だが、まずその前に、宗教のなかには意外と軍事的なイメージがあるということについて見てみたい。例えば、「愛」と「平和」を説くキリスト教は、自分たちの信仰を表現したり実践したりするうえで、実はその最初期から「戦い」のイメージを用いてきた。その不思議なコントラストは宗教学的に興味深いのみならず、そうした傾向や姿勢それ自体が「平和」という問題のジレンマを象徴しているようにも思われるからである。

まず、そもそも教典である新約聖書に、戦争や軍事の比喩が多く見られる。例えば、信仰が「光の武具」と表現されている箇所があるし、[8] 信仰をもって悪に立ち向かうことを述べている文章では「神の武具」「信仰の盾」「霊の剣」といった軍事的比喩が連続してあらわれ、信仰と愛は「胸当て」、救いへの希望も「兜」と表現されている。[9] また、信仰を「戦い」として説明し、「信仰の戦いを立派に戦い抜き……」と述べている箇所もあり、[10] さらには信徒のことを「キリスト・イエスの立派な兵士」[11] と表現している箇所もある。明らかに「信仰」が「戦闘」のイメージと重ねられているのである。

これらの多くは新約聖書のなかでも、パウロによる書簡、もしくはパウロの名による書簡に出てくるものだが、実はイエス自身も軍事的な譬《たと》えを語っている。「ルカによる福音書」の一四章によれば、イエスは自分の弟子になる条件について語る文脈で次のように述べている。「どんな王でも、ほかの王と戦いに行こうとするときは、二万の兵を率いて進軍してくる敵を、自分の一万の兵で迎え撃つことができるかどうか、まず腰をすえて考えてみないだろうか」。これは、物事は計画的に準備しておこなうことが大事だということを言うために述べられているもので、説明のための比喩として軍隊の例が持ち出されているに過ぎないと言われるかもしれない。だが「マタイによる福音書」の一一章でもイエスは「彼〔洗礼者ヨハネ〕が活動し始めたときから今に至るまで、天の国は力ずくで襲われており、激しく襲う者がそれを奪い取ろうとしている」と述べており、やはり信仰をめぐる姿勢を戦いのイメージで説明しているのである。

実は、イエスもパウロも、聖書のなかでは一度も「戦争」や「軍事」そのものに対する直接的な意見は述べていない。意外に思われるかもしれないが、戦争の記述が多い旧約聖書とは異なり、新約聖書では、復讐を禁じたり非暴力主義を勧めたりしていると解釈できる記述は確かにあるものの、「戦争」や「軍事」それ自体はそもそも話題になっていない。ところが、不思議なことに、信仰について説明しようとしたり表現しようとしたりするときには、躊躇なく戦争や軍事が比喩として用いられているのである。

戦いとしての信仰

こうした傾向は、後のキリスト教徒たちにも引き継がれていった。

キャサリン・アレン・スミスは『中世の戦争と修道院文化の形成』のなかで、中世のキリスト教世界では修道士の活動と世俗の戦士の活動がパラレルに捉えられる傾向が強かったことについて詳細に論じている。彼女によれば、一一〜一二世紀の修道院の著者たちによる説教集、書簡、聖人伝などを検証すると、ほぼあらゆる箇所でキリスト教徒の信仰、活動、組織が、軍事的な比喩で説明されたり教育されたりしているというのである。スミスはその実例を大量に紹介しており、「実際、宗教的生活との関連で軍事用語を使わなかった著者はほとんどいなかったと言えよう」[12]とも述べている。「修道士が自分たちをキリストの戦士と呼んだ時、それは単なるレトリカルな見せびらかしではなく、基本的な真実の表現だった」[13]のである。

中世は、戦士だった者たちが武器を置いて修道院に入ってくるという例も多かった。信仰の道に入るにあたり、確かに彼らは世俗の武器を放棄して、もう暴力のために手をあげることはしないと誓った。だが、それは戦士であることをやめたのではなく、むしろそれまで以上に優れたタイプの戦士になって、より高尚な霊的次元での戦争を戦うこととして理解されたのである。生涯を修道院で過ごしてきた人々の方も、世俗の戦いに関心を持ち、戦士たちから多くを学ぼうとした。修道士たちのアイデンティティは、戦士との交流を通して再形成されていき、修道院長は「キリストの軍隊」(militia Christi)を率いる指揮官とも解された。

キリスト教信仰を軍事的イメージでもって理解する傾向は、決して一時的な流行ではない。その後も多くの信徒や思想家たちに引き継がれている。例えば、一六世紀の思想家エラスムスの著作に『エンキリディオン――キリスト教戦士の手引き』[14]がある。「エンキリディオン」とは、英語では「マニュアル」や「ハンドブック」という意味にあたるラテン語で、この本はその副題の通り、キリスト教徒のあり方を軍事的な比喩を用いて論じたものとなっている。そのため、文中には「キリスト教戦士よ」という呼びかけがあり、信仰を維持するということは「戦い」であると説明され、パウロのことも「キリスト教の軍隊の旗手」だと表現されている。[15]また、キリスト教信仰とは「武装」でもあって「二つの武器」が調達されねばならず、その二つの武器とは、すなわち「祈りと〔聖書の〕知識」であるとされている。[16]

エラスムスは友人に対し、この書物について「軍事訓練の教則をつくる人の方法にしたがって敬虔の技術を教えようと試みた」[17]とも述べている。彼は『平和の訴え』や『戦争は体験しない者にこそ快し』（『格言集』の一部）では戦争を批判しており、明らかに平和主義者だったと言える。しかし、それでも自らのキリスト教信仰を表現する際には、何の迷いもなく、むしろ積極的に戦争や軍隊のイメージを用いたのである。

「イエスは軍人を愛し、軍人はイエスを愛した」

一九世紀のスイスの法学者、カール・ヒルティも同様である。

ヒルティは法律の専門家としての実務や教育のかたわら、キリスト教的価値観にもとづく多くのエッセーを書いた。特に『幸福論』は日本でも多くの人に読まれてロングセラーになっている。その本のなかで、ヒルティは「立派な軍人がしばしば最もすぐれたキリスト者であるのは、決して偶然ではない」として、「百卒長が真の信仰と軍人の人生観が似ていると語ったとき、キリスト自身もその考えを適切だと認めた」と述べている。[18] 彼は『眠られぬ夜のために』のなかでも、「私はキリスト教を、最初はむしろいくらか実際的に、それも軍務から類推して理解していた。そこで、私に一番興味のある聖徒は、ペテロやパウロではなくて、カペナウムの街の百卒長や百卒長コルネリオであった」[19] と述べている。

ヒルティのように知的で敬虔な人物でさえ、キリスト教信仰に軍務との類似を見ていたとなると、やはりこの点はキリスト教の普遍的な性格として見てもいいように思えてくる。ヒルティはかつて陸軍の法務官を務めていたこともあるので、もともと軍隊に親和的な人物だったことは確かである。だが、「使徒言行録」に出てくる軍人コルネリオ（新共同訳聖書では「コルネリウス」）を一番興味のある人物としてあげているところなどからすると、ヒルティが指摘している信仰と軍務との類似性は、文字通りのものとして受け取ってよいのではないかと思われる。

ヒルティよりも三〇歳ほど若い内村鑑三においては、こうした傾向がさらに鮮明である。「非戦論」を唱えていたことで知られる内村だが、実は彼も軍人には強いシンパシーを抱いており、現に軍人たちと親しく交流をしていたことが彼の日記などから確認できる。近現代のキリスト教界全体において、戦士としての信徒というイメージをもっとも明確に示したのは、日本の内村だったと言ってもいいかもしれない。彼は著書のなかで次のように述べている。

「イエスは平和の君であるが、その部下として忠実なる軍人を求めたもう。そして軍人が福音の戦士と化せし時に、最も有力なる平和の使者となるのである」[20]

これは内村ならではの信仰理解を象徴するものとして、注目されるべき一言である。彼によれば、キリスト教の信仰は「戦闘の一種」であり、「闘志なき者の維持することのできないもの」である。[21]教会というのは、理屈で議論する場所ではなく、行けと命じられれば行き、来いと命じられれば来るといった者たちの集まりであって、そうした意味で、彼は「教会は軍隊の一種」であるとさえ言っている。[22]内村は、福音書に登場する軍人や、またヒルティがあげたのと同じ軍人コルネリオをあげて、彼らはみな「福音の保護者」であったとしている。

内村は、「イエスは軍人を愛し、軍人はイエスを愛した」[23]とも述べ、現にこれまで信仰の面で指導的な役割を担ってきた者の多くは軍人の家に生まれた者か、あるいは軍人気質の者であったとしている。それについて内村が出している例は、まず、イエズス会の創始者であるイグナチオ・デ・ロヨラだ。彼は確かに、かつては勇猛果敢に戦ったことで知られる軍人であった。そして「少年よ、大志をいだけ」で有名なW・S・クラークも、札幌で日本人青年たちに学問を教える以前は、南北戦争を戦って大佐にまでなった軍人である。熊本バンドの礎を築いたリロイ・ジェーンズも陸軍士官学校の出身者であったし、英国の説教師で日本のキリスト教徒に大きな影響を与えたフレデリック・W・ロバートソンも陸軍砲兵士官の息子で、軍人精神をもってキリストに仕えた者であるとされている。

内村よりも後の世代だが、三浦綾子の『ちいろば先生物語』でも知られる「ちいろば先生」こと榎本保郎《えのもとやすろう》牧師も、かつては軍人であった。同様の例は他にも多くあるだろう。そもそも、旧約聖書のアブラハムにも、モーセにも、ヨシュアにも、軍事指導者としての側面があった。ダビデも、ソロモンも同様である。特にモーセやヨシュアの戦いぶりと敵に対する姿勢は苛烈で、少々残酷すぎるようにも見えるほどだ。日本のキリスト教徒たちはなぜかそのあたりのことには触れたがらないが、これはちゃんと聖書を読んでいる者であれば誰もが知っているはずのことである。

内村にとって、軍人や軍人気質は決して彼自身の非戦論と矛盾するものではなかった。むしろ「信仰」は軍人的感性でこそ理解され実践されうるものとされていたのである。[24]

軍人の職務は牧師のそれと等しい

二〇世紀半ばの例もあげよう。

アメリカの歴代大統領のなかで礼拝出席頻度がトップクラスだった一人に、ドワイト・D・

アイゼンハワーがあげられる。アイゼンハワーは陸軍士官学校出身で、ノルマンディ上陸作戦の総指揮をとった生粋の軍人である。だが、彼は信仰と規律を重んじる家庭に育ち、大統領就任の際の演説でも自分で用意した祈禱文を読み上げている。彼は、いちおう広島と長崎への原爆投下にも反対した軍人の一人でもあり、それは戦略上不要であるのみならず、キリスト教道徳にも反すると考えたからだったとされている。

そんなアイゼンハワーは、栗林輝夫の『アメリカ大統領の信仰と政治——ワシントンからオバマまで』によれば、興味深い発言をしている。アイゼンハワーは全米キリスト教協議会の指導者との懇談の席上で、「軍人の使命感は牧師の召命感と同じ」だと前置きをしたうえで、自分はこれまで長いあいだ軍人として生きてきたが、軍人の職務を牧師のそれと等しい使命感をもってやってきた、という趣旨のことを述べたのである。[25] これは、やや奇妙な発言だと感じる人もいるかもしれない。しかし、新約聖書における「キリスト・イエスの立派な兵士」「信仰の盾」「霊の剣」といった記述や、中世から近現代にかけて軍務と信仰がパラレルに捉えられてきたこの宗教の伝統を踏まえるならば、実はスタンダードなキリスト教理解だと言ってもいいくらいなのかもしれない。

ハリエット・クラブトゥリーも、現代プロテスタンティズムにおいてもなお讃美歌や冊子や説教に「戦争のモデル」が多く投影されていることを指摘している。彼女によれば、讃美歌の作者が「十字架の兵士たち」に対して「イエスのために立ち上がれ、立ち上がれ」と呼びかけるとき、それは単なるメタファーではなく、霊的なものではあるが、リアルな戦闘の要請として解釈されるという[26]。

キリスト教信仰が軍務や戦いと重ね合わされて理解されるという例は、このように、イエスの時代から現在まで、ほぼ一貫して見られると言ってもいいだろう。アルフレート・ファークツも『ミリタリズムの歴史――文民と軍人』のなかで、軍隊的な組織形態をもつユニークなプロテスタントの救世軍や、元軍人のイグナチオ・デ・ロヨラらによるイエズス会をあげながら、キリスト教徒の「宗教的博愛主義のために軍事的本能につけこもうとする試み」について触れている。彼によれば「種々の教会組織も、軍事的な形態と心的傾向を利用してきた」というのである[27]。第三章では古代ローマ軍やクセノポンの例などを念頭に、宗教的な姿勢や雰囲気は軍隊に親和的だと述べたが、こうしてみると軍事的な姿勢や雰囲気も宗教に親和的だと言えるかもしれない。

ピューリタニズムにおいて美徳とされるものと、軍隊において美徳とされるものとはその大部分が同じだと指摘する研究者もいる。経済学者のヴェルナー・ゾンバルトは『戦争と資本主義』で、軍人精神なるものはクロムウェルによって近代的軍隊のなかに導入されたのであり、軍隊の規律はピューリタンの精神から生まれた、もしくはピューリタンの理念によって促進された、と考えてもよいのではないかと述べている。[28] 彼によれば、「軍国主義とピューリタニズムは双生児の兄弟」[29] であり、素晴らしく統一された最初の軍隊はクロムウェルとその部下たちであったという。ここでゾンバルトが述べているのは、単にキリスト教には軍事的なイメージが豊富だという話ではなく、一六世紀以降のピューリタニズムが近代的軍隊の形成と発展に具体的な影響を与えたということなのである。これは宗教史的にも軍事史的にも、重要な指摘であるかもしれない。

「勝ち取る」ものとしての平和

キリスト教的伝統において、「信仰」は「戦って維持するもの」と理解され、それは軍隊的な「服従」に類似したものとしてもイメージされてきた。もちろん現在のすべてのキリスト教徒が日常的に信仰をそのようなものとして自覚しているとは限らないが、伝統的には明らかにそうした表現や姿勢があったし、それは今でも残っている。その「戦い」の相手は、異教徒か、無神論者か、あるいは悪魔か、それとも自分自身か、それは人や状況によってさまざまであろう。だが、とにかく「戦い」なのである。

最近の自称「平和主義者」の信徒たちは、こうした軍事的な比喩が気に食わないかもしれない。しかし、聖書を勝手に書き換えることは許されないので「キリストの兵士」といった表現やイメージをこの宗教から抹消することはできない。現に聖書に「わたしたちの戦い」と書かれているのだから、信仰の姿勢はそのようなものであると受け止めないと聖書に反することになってしまう。

宗教社会学者のマーク・ユルゲンスマイヤーも、宗教と戦争・テロリズムについて論じた文章のなかで「暴力や戦争は、常に宗教的想像力の一部であった」[30]と述べている。「戦い」のイメージは、キリスト教に限らず、さまざまな宗教的伝統の歴史や神話のなかに組み込まれているのである。そうしたことを念頭に置くと、戦争や暴力といったものは、必ずしも何らかの目的を達成するための手段というだけでは理解し尽くせないものなのではないかとも思えてくる。戦争研究者のジョン・キーガンは、「戦争は人間の歴史と同じくらい古く、人間の心のもっとも秘められたところ、合理的な目的が雲散霧消し、プライドと感情が支配し、本能が君臨しているところに根ざしている」[31]と述べ、戦争とはつまり「文化の不朽化の試み」であるとも表現した。[32]彼のいう「文化」とは、共通の信条、価値観、神話、タブー、習慣、伝統、マナー、思考様式などを指している。クラウゼヴィッツとは異なるこのような戦争理解も、非常に重要であるだろう。

さて、ここで同時に考えてみたいのは「平和」のイメージである。宗教・信仰が求めているのは、究極的には「平和」だからだ。宗教には「戦い」のイメージが含まれていて、そうした宗教が目指しているのが「平和」ならば、その「平和」にも「戦い」のイメージが含まれていて当然ではないだろうか。一般に「平和」は、戦闘行為とは真逆のものとして語られる。しかし、「平和を勝ち取る」という表現にもさほどの違和感はないように、実際には「平和」もまた「戦って手に入れるもの」であり、「戦って維持するもの」だと理解される傾向があるだろう。私たちは、戦いというものから逃れたい、戦いのない世界で生きていきたい、と思っている。しかし、戦いのない環境は戦いに勝つことによってしか得られない、という大きなジレンマを抱えているわけである。これは特定の宗教文化圏に限った話ではなく、人間や社会に普遍的な宿命であるだろう。

「平和」は、「愛」や「希望」などと似た綺麗な抽象的概念のように扱われがちである。しかし、実際には「平和」はあくまでもこの世の具体的な現実の問題に他ならない。それは清らかな無私無欲から追求されるものではなく、むしろ人間的な欲望から、此岸的な利益として、求められるものである。平和とは、政治・経済・法律・教育・医療・福祉などさまざまな制度や組織などがうまく調和し、公平性が保たれて、争いや差別もなく、人々がそれぞれ生きがいを持ち、おおむね満足できているような社会の状況を指すものである。「平和」とは、さまざまな現実への具体的な働きかけによって構築したり維持したりするものであるから、あくまでも「戦争・軍事」と同じ地平で検討されるべきものであるだろう。

だとすると、どのような行為が「戦争・軍事」に協力することになったり、あるいは「平和」に貢献することになったりするのかは、実はそう簡単に白黒がつけられるものではないはずだという気がしてくる。社会的事象の因果関係というのは複雑なものであり、さまざまな意図で異なる見方ができてしまうものであるし、特に戦時には、平時にはない条件や圧力や情緒や思考があるものだからである。こうした点について考えるための例にはさまざまなものがあるだろう。ここでは、その一つとして、太平洋戦争時の日本軍における「宗教宣撫工作部」を見てみたい。

日本軍の「宗教宣撫工作部」

一般にはあまり知られていないと思われるが、実は日本軍は、真珠湾攻撃の四ヶ月も前から、日本人のキリスト教徒からなる宗教宣撫班の編制計画を立てていた。それはフィリピンでの活動を念頭においたもので、宗教宣撫班、宗教部隊など、さまざまな呼ばれ方をしたが、開戦時の正式名称は比島《ひとう》派遣軍（第一四軍）指揮下の「宗教宣撫工作部」というものだった。

フィリピンは総人口の約九〇%がキリスト教徒（ほとんどがカトリック）という、日本の南方占領地のなかでは異色な条件の場所だった。当時の日本では、キリスト教は敵性宗教とみなされ、現に弾圧もなされていたが、フィリピンの指導者はみなキリスト教徒で、社会の慣習や制度にもその影響が強く反映されていたため、日本軍もその宗教を無視できなかったのである。

そこで、陸軍参謀本部はそれに対応するために、早くも一九四一年の八月に、東京大司教の土井辰雄と大阪教区長の田口芳五郎《よしごろう》を呼び出した。そこで田口と、土井の代理としての志村辰弥《たつや》司祭が出頭すると、士官たちは彼らに対し、まもなく宣戦布告がなされてフィリピンを占領する計画があるから、日本人の司祭や信徒による宣撫班を組織するので、その人選をせよと求めたのである。最終的には、カトリックでは司祭三名、神学生五名、信徒五名の計一三名のメンバーが選ばれた。[33] 指揮官は陸軍中佐の成澤知次で、彼自身はクリスチャンではなかったが、彼の妻がカトリックであったがゆえの人事だったようである。また、彼の下に配属された二名の若い少尉はカトリック信徒だった。

宗教宣撫班の人選の中心となった司祭の志村によれば、参謀本部は最初、五〇名の神父と一五〇名の信徒、計二〇〇名を要請してきたという。困ってしまった土井大司教、田口大阪教区長、志村司祭は、在東京ローマ教皇使節のパオロ・マレラを呼んで、どうしたものかと四人で相談をした。その時マレラは、これは政治に関することだから教会は参謀本部の要請を受けることはできない、と言ったようである。しかし、だからといって軍の要請を完全に拒絶することもできない。志村によれば、「それでまぁ、相談した結果、結論はね、要するに教会はなんの関係もなしに、誰かが個人として各教区をまわって、とにかく軍の要求は宣撫班に行く人を見つければ、それでいいんだから。教会の名でやろうが、なんでやろうが……」[34]と、いまいち歯切れは悪いが、つまりは「教会として」ではなく、あくまでも「個人として」人選をやるということになったようである。そこで、志村が急いで日本各地をまわり、先ほど述べたような構成の班が結成されたというわけである。

司祭が中心といっても、この宗教宣撫班は第二章で解説した従軍チャプレンとは全く別のものであり、そこが興味深い点でもある。宗教宣撫班の目的は、いわゆる軍属として現地に向かい、混乱を最小限に抑えるためにフィリピン政府や住民たちに対して日本の立場を説明することにあった。教会関係者が行けば、少なくとも聞く耳はもってくれるだろうと考えたのである。できれば司教格のある者がいた方がより効果的だったため、やがて大阪司教になったばかりの田口芳五郎がこれに加わり、彼が最後まで班を率いた。

田口はさまざまなアイディアを出し、例えばフィリピンで死んだ日本のキリシタン高山右近の頌徳祭《しょうとくさい》をやることで、現地の人々に日本とフィリピンとのつながりを意識させようともした。信頼関係を構築してフィリピン政府の要人や教会指導者とスムーズに交渉がおこなえるよう、できる限りのことをやったのである。そうした宗教宣撫工作は、表向きの友好関係の構築にとどまらず、治安の回復、米の増産、婚姻に関する教会法と民事法との調整、学校における宗教教育など、さまざまな行政にもおよんだ。

宗教宣撫班のさまざまな活動

実際の宗教宣撫班への参加のプロセスや具体的な任務内容については、信徒の一人としてこれに加わっていた小野豊明（当時三〇歳）が、後に記録を書いたりインタビューに答えたりしている。小野の場合は、赤紙（召集令状）ではなく、白紙（徴用令書）が届き、指定された場所に出頭したところ、陸軍少佐に「南方へ行っていただきたい」と丁寧に言われたという。その時はまだ目的は知らされなかったが、その面接の場には知っている司祭や神学生もいたので、カトリック関係の何かだろうということだけはわかっていたようである。

彼らが東京を出発したのは真珠湾攻撃の約二週間前で、汽車で宇品《うじな》に移動し、そこから船でまず台湾に向かった。出港した時もまだ「軍事機密」のため任務は明かされておらず、しばらくは澎湖《ほうこ》諸島の沖合で輸送船内に留まっていた。そして、いよいよ日本が宣戦布告をすると、ただちに「奏任《そうにん》官」に任命された。そこでようやく、部隊の編制、任務、行き先が教えられたという。

宗教宣撫班は軍の「報道部」の一部として編制されたもので、東京を出発する際に東部軍管区司令部に集まった人々には、彼ら以外にも多くの作家、新聞記者、映画人、写真家、画家などがいた。宗教宣撫班はそうした人々のなかの一部だったようである。しかし、宗教宣撫班は単純に報道部長の傘下にあったというわけでもなく、報告書などは軍司令官宛に出していたためそちらの直属であったとも言えるようだ。小野は後のインタビューで、自分たちの任務内容と班の曖昧な位置づけを指して、「だから、まぁ、特殊部隊ですね（笑）」とも言っている。[35]小野は東京帝国大学法学部卒で、それまで王子製紙に勤めており、給料は九五円だった。それに対し、軍属となったその立場では一〇五円がもらえたので、軍隊の方が待遇がいいなと思ったそうである。

フィリピンへ向かう彼らの輸送船団は、軍用車両を積んでいた後尾の一隻が潜水艦にやられたものの、人員はほとんどが無事にルソン島に上陸することができた。上陸後、輸送指揮官から「君たちの三分の一は死ぬはずだったのに、よく助かったね」と言われたという。船の中では防寒具が乏しかったので寒さに震え、船倉は座っても頭がつかえるほど狭く、食事も海水煮の不味《まず》いもので、召集兵の苦労がよくわかったと小野は述懐している。

宗教宣撫班の任務は、この小野豊明の「比島宣撫と宗教班」によれば、「帝国の表明した信教の自由を実効あらしめ、人心の安定、相互の理解を深めんとするにある」[36]と理解されていた。占領地の軍政下で宗教行政に関与しつつ、宗教を通じての日比親善関係の育成助長に努めることが使命だったわけである。彼はその記録の中で、仕事内容を九つに分けて説明している。すなわち、①比島教会当局との意思疎通、②対民衆宣伝、③教会関係建物の保護、④敵性国人司祭修道者の取扱、⑤警察的任務（外出証や夜間通行証などの発行、集会等年中行事の許可の斡旋《あっせん》など）、⑥司祭修道者の生活問題、⑦施療の実施、⑧地方巡回、⑨ミサ施行、である。[37]

ミサを行うことが最重要だったのは言うまでもないが、その他にキリスト教以外の宗教事情の調査なども行われた。教会関係施設（教会、修道院、孤児院、学校など）に日本軍が勝手に入って迷惑をかけないよう、軍司令官名による立入禁止のビラを作って貼っていくなどの仕事は、現地の人々の生活を守るうえでも重要だったようである。この宗教宣撫班について研究した文化人類学者の寺田勇文《たけふみ》も、「占領当初の混乱期にあっては宗教班の存在がフィリピン側にとって一定の救いとなったことは間違いない」[38]と述べている。

宗教宣撫班をどう評価するか

小野は、著書でもインタビューでも、宗教宣撫班が編制されてさまざまな活動をしたことを、全体としては「成功」だったと繰り返し述べている。軍人や政治家だけでは現地の住民との信頼関係を築くことはできないが、彼らカトリックの司祭や信徒たちにとっては同じ信仰をもつフィリピン人と交流するのはやさしいことである。小野は、難しかったのはむしろ日本軍を宣撫することの方だった、とも述べている。彼は、日本軍が宗教宣撫班を組織したことは「軍が期待していた以上の成功を収めたといってよい」としているが、その一方で、これは「軍事目的のために宗教が利用された」例であり、「戦争と宗教は、結局相入れない」とも記している。[39]

また、小野はインタビューのなかで、「戦後の日本のカトリック教会は、私たちの行為に対して、けっして好感をもってはいないんです」[40]ともつぶやいている。これまで彼らの活動については、戦争協力だったとしてネガティブに評価される傾向にあった。確かにこの件についてはさまざまな議論がありうるだろう。しかし、批判に対しては「では、あの時、私たちはどうすればよかったのか」と問い返したくなる気持ちもよくわかる。

班の人選に関わった志村司祭にインタビューをした寺田は、志村から当時の状況を聞いた後、要するに宗教宣撫班というのは「外交使節」のようなものだったのではないでしょうか、と問いかけている。それに対して志村は「それです。外交使節みたいなものです」と同意している。[41]確かに、軍の要求に従って神父を出すことが「戦争協力」にならないようにあくまでも「個人の資格」で人を集めた、という彼らの側の理屈は、あまりすっきりと腹に落ちるものではない。しかし、現実問題として、当時は彼らに戦争それ自体を阻止することなどできなかったわけだから、とにかく混乱を最小限に食い止めようと、彼らなりに、彼らにしかできない外交活動をするしかなかったという思いに嘘はないであろう。

最終的にはこの戦争で日本人だけでも三一〇万人が命を落とすが、真珠湾攻撃の何ヶ月も前はそんな未来が待っていることなど誰も知らなかった。メンバーに加わった三名の司祭はまだ若く、それぞれ三三歳、三一歳、二六歳である。したがって、後で赤紙が来て一兵卒として戦場で戦わねばならなくなるよりは、先に宗教宣撫班に加わってしまった方がカトリック司祭として本来の仕事に近いものが出来るのではないか、と考えたのは自然であろう。事情は神学生や信徒たちも同様だった。一人ひとりがどのように誘われたり、あるいは指名されたりしたのか具体的な状況は一部についてしかわからないが、銃を持って一兵卒として戦うよりは軍属として宣撫班に加わった方がまだましだという考えは人生の選択としては当然だし、信仰の上でも大きな矛盾はなかったであろう。

この宗教宣撫班は開戦から約一年で帰国するが、すぐに彼らと入れ替わるように、今度は四名の修道女と一五名の女性信徒たち、計一九名からなる「カトリック女子宗教部隊」が同地に入っている。それは、当時マニラの軍政監部教育課長だった内山良男の要請によるもので、彼女たちは約一年半にわたり、マニラの学校で日本語を教えたり、フィリピンの教会関係者や政治家などを対象とする親善活動を行ったりした。戦後、そのメンバーの一人だった修道女の山北タツエに対してなされたインタビューが残っている。それによると、彼女はある日突然、修道院の目上に呼び出され、「あなたはフィリピンへ行きます」と言われたのだという。彼女はその時「なにがなんだかわからなかった」とまさに青天の霹靂《へきれき》だったようで、そのあたりの説明によれば、彼女自身に諾否の選択の余地はなかったようである。[42]

平和への取り組みの難しさ

すでに述べたように、宗教宣撫班には大阪司教になったばかりの田口芳五郎（当時四〇歳）も加わっている。しかも、その際、彼は軍刀をもって現地に向かった、と志村司祭は証言している。[43] 田口はこれ以前にも、一九三七年に北支派遣軍嘱託として日本軍と現地カトリック教会との連絡にあたっていたことがあった。そんな田口は、実は戦後しばらくしてから、日本人として二人目の枢機卿になったのである。枢機卿というのは教皇直属の顧問団のような位置付けの高位聖職者で、これまで日本人で枢機卿になった者は本書執筆時点で六人しかいない。もし宗教宣撫班の活動を戦争協力という点から批判するならば、必然的に田口枢機卿の過去をも批判することになってしまうので、あまりこの話題には触れたくないという本音も日本のカトリック教会にはひょっとしたらあるかもしれない。だが、こうした点もオープンに議論していくことこそ、真の意味での平和への対話であるだろう。

宗教宣撫班や女子宗教部隊に参加した者たちは、確かに軍部に反対・抵抗したわけではない。しかし、決して戦争に賛成したわけでも肯定したわけでもない。この例においては、当時の日本社会でカトリック教会が置かれていた困難な状況や、フィリピンのカトリック教会内の諸問題など、さまざまな背景がある。平和とは、綺麗な抽象的概念ではなく、泥くさい現実の問題である。それは、非常に複雑な現実のバランスによって構築・維持されるものであるから、どのような判断や行為がどのように役に立ったり裏目に出たりするのかを予測したり調整したりするのは容易ではない。戦時中の混乱した状況であればなおさらであろう。特に宗教や戦争に関する事柄については、思い込みや、自己正当化や、利害関係や、偏見や、その他さまざまな情緒が入り込みやすく、正しく解釈したり評価したりするのはなかなか難しいものである。私は彼らの活動を特に弁護したり高評価したりするつもりはないが、戦後になってから「あれは戦争協力だった」と断罪するのも短絡的だと思うのである。

人間の行動には、その人の持っている能力の上での限界というものがあるし、またそれぞれの時代や環境によってもやれることに限界がある。私たちは皆、時代的運命に翻弄されながら、同時に自らの無知や、弱さや、欲望のなかを、のたうちまわって一生を送る。ひたすら平和に貢献するのみのピュアな一生を送ることなど誰にも出来ない。ここでは問題提起にとどめざるをえないが、こうした宗教宣撫班等に関する記録や証言と、それに対する批判をみると、「宗教」や「戦争」という営みの諸問題のみならず、「平和」への取り組み方の難しさをあらためて想起させられる。

宗教が求めているものも、戦争・軍事が最終的に目指しているものも、ともに「平和」である。平和や平和主義に否定的な人はまずいないだろう。ただし、それらに対する私たちの本音は、実はふだん自分で思っているほど素直なものではないような気もするのである。以下では、その点について考えてみたい。

2　平和に対する本音と限界

「正義の薬」

「平和」という問題は、必ずしも難解な哲学や政治の話ではない。素朴な人間的矛盾の問題でもある。少し肩の力を抜いて、平易な切り口から考えてみよう。

SF作家、星新一の作品に「敬遠」[44]というタイトルのショートショートがある。それはユーモラスでありながら皮肉のきいた物語で、私たちが日ごろ胸に抱いている「平和」の理念について考えるうえでもヒントになりそうなので紹介したい。次のような話である。

ある研究所が「正義の薬」を開発することに成功した。それを一粒飲めば、たちまち性格が変わって「正義の人」になれるという薬である。その薬の開発部長は効き目も安全性も確かだと報告してきたので、研究所の所長は大喜びした。もうこれで人々のあいだから悪は消え去り、社会は素晴らしいものになるだろうと期待したからである。所長は、ふと開発部長にきいた。

「で、君は飲んでみたか」

すると開発部長は「まだでございます。このような貴重なものは、まず所長にさしあげたいと思いまして」などと言って言葉を濁す。そして、自分はすでに正義感にあふれており、もし誰かが飲んで効き目がなかったらいさぎよく全責任をとるなどと言い「正義感の強いこと、この通りでございます」と付け加えた。

所長も同様に、自分はもう十分に正義をわきまえているのでこの薬を飲む必要はないと考え、とにかくまずは必要としている人たちに飲ませるべきだと言った。そして、すぐにマスコミを通じてこの世紀の大発明を発表した。すると、世間の人々は「正義の薬」の登場に喜び、熱狂的に歓迎した。ところが、ぜひ飲んでみたいと申し出てくる者はなぜか一人もいなかった。

その薬の普及委員会も立ち上げられたが、飲もうという者はなかなか現れない。彼らは戸惑うが、「なげかわしいことだ」などと言うだけで、どうすることもできない。無理に誰かに飲ませようとすれば人権問題になってしまいそうだし、捕まえた犯罪者たちに飲ませたらどうかという意見もあったが、それはそれで奴らは何をし始めるかわからないなどと人々は不安がったりして、結局飲ませる相手がいないのだった。

そこで、日頃からわれこそは正義の味方で社会正義のためには命も惜しまぬと公言している人物に白羽の矢が立てられた。こういうわけだからぜひ飲んでくれ、とその人物に頼んでみたが、彼は大慌てで、それだけはかんべんしてくれ、今後はもう正義など口にせず、まともな職につきますから、などと言って逃げていってしまった。

いっそ強権を発動して、日時を決めて全国民にいっせいに飲ますことにしたらどうか、という案も出された。しかし、きっと人々は皆、飲んだふりをするだけで自分だけは飲まず、結局誰一人飲まないで終わるだろうと推測され、その案は実行されなかった。

その後も、薬についての問い合わせはときおりあるものの、現実に貰《もら》いに来る者はいないままだった。いっそ量産して輸出しようとしたが、すぐに外国の政府から抗議が来て、「わが国にそんなものを売ろうとしてみろ、ただではすまないぞ」と脅される始末であった。やがて研究所のまわりには、目つきの鋭いスパイのような連中がうろつきはじめた。いつ爆弾を投げ込まれるかわからなくなってきたので、関係者たちは恐怖におののき、結局その薬の試作品はすべて燃やし、関係書類も破棄し、すべては闇に葬られてしまった。

以上のような物語である。

私たちは「平和の薬」を飲みたがるか

この物語の面白さは、「正義」をめぐる私たちの本音が描かれている点にある。人は皆、一般論としては「正義」は大事だと考えており、その価値を疑ってはいない。あるいは、疑っていないことにしている。ところが、いざ自分自身が「正義」の人間になるかどうかという話になると、そう単純なものではないことが明るみに出るのだ。私たちの「正義」に対する本音にはさまざまなパターンがありうると思われるが、さしあたり、次のような三つくらいの可能性を考えることができるだろうか。

まず、一つ目の可能性は、私たちは実際には決して聖人君子ではないにもかかわらず、自分自身はすでに十分に「正義」の側にいると考えており、あらためてきちんと正義の感覚を身につけるべきなのはもっぱら自分以外の人間であると本気で思い込んでいる、というものである。

二つ目の可能性は、私たちが「正義」は大事だと口にする時、それは実は自分以外のすべての人間が正義にのっとって生きてくれることを望んでいるだけであり、自分自身は純粋な正義を貫かずに適当にズルをして、楽をして得をして生きていきたいと内心では考えている、というものである。

三つ目の可能性は、「正義」というのはあくまでも建前として、あるいは子供向けの道徳としては重要だけれども、実際の社会では清濁併せ呑むような姿勢でいないとかえって混乱を招くものだから、正義というものはそれを尊重しつつも、あまり純粋に追求すべきではない、と考えているというものである。

これ以外の見方もありうるかもしれないし、星新一が本当のところどのような意図でこの作品を書いたのかはわからない。だがいずれにしても、星は私たちが「正義」を口に出す時、腹の底には表向きのものとは異なる本音もあると見抜いていたからこそ、こうした滑稽な物語を思いつくことができたのであろう。

私がこの話を面白いと感じたのは、この「正義の薬」は「平和の薬」と置き換えてみることもできるのではないかと思ったからである。もし、どこかの研究所が「平和の薬」の開発に成功し、それを飲んだ人はみな平和主義者になれるのだとしたら、果たして人々はこぞってそれを手に入れようとするだろうか。

多くの人は、「平和の薬」の登場を熱烈に歓迎するだろう。これで世の中は素晴らしいものになると思うに違いない。しかし、その一方で、自分自身はもうすでに平和主義者だから、それを飲むべきなのは自分以外の人たちである、と本気で思い込むのではないだろうか。皆がそう思えば、結局誰一人それを飲むことはないだろう。

あるいは、自分以外のすべての人が平和主義者になれば、それでもう自分にとっては「平和」な世の中になるのだからそれで十分であり、他人は飲むべきだけれども自分はわざわざ飲む必要はない、と考えるかもしれない。まわりのすべてが平和主義者になってくれれば、自分だけは時折暴力的に振る舞っても反撃されず、得だから、自分は飲まないでおこうと考える人が出てくる可能性もある。

また、人間や社会というのは複雑なもので、さまざまな衝突や困難をとおして人は成長していったり、あるいは豊かな文化が育まれていったりするものなのだから、とりあえず自分自身は飲まない側の方でいよう、などとごちゃごちゃとよくわからないことを考える人も出てくるかもしれない。いずれにしても、まっさきに「私に飲ませてくれ」と手を挙げる人は結局ほとんど出てこないのではないだろうか。

だとすると、日頃私たちが口にしている「平和が大事」「平和、平和」という掛け声は、いったい何なのかということになりそうである。

本当に真の平和主義者になってしまうというのは、実はなんとなく怖いことであると、私たちは直感的にはわかっているのかもしれない。表向きには「平和、平和」と叫んで、それが何より大事なものだと信じているつもりだが、いざ本当に自分自身が平和主義者になるかどうかというと、それはそれで不安になり、躊躇してしまう。私たちは、実は「平和」に対する自分自身の本音についてさえ、けっこう無自覚なのかもしれない。

「愛」や「信念」の問題ではない

前章では「必勝の信念」にこだわっていた日本軍の姿を見てきた。今からそれを肯定的に評価することは難しいであろう。しかし、では戦後に「平和主義者」になった日本人は、そのあたりの問題の根本的な部分を乗り越えたと言えるだろうか。というのも、戦中と戦後の日本人を見ると、「戦争」への取り組み方と、「平和」への取り組み方は、よく似てしまっているという印象を受けるからである。

戦争が終わると、人々はもうかつてのように「必勝への信念」は叫ばなくなった。しかし、その代わりに今度は「平和への信念」を叫ぶようになった。そして、かつての拠り所であった「大和魂」の代わりに、今度は別の魂として「憲法九条」があらわれた。つまり「戦争」に対する姿勢がそのまま「平和」に対する姿勢にスライドしただけで、結局は信念や信条や心意気のようなものでどうにかしようとする傾向はそのまま受け継がれてしまっているように見えるのである。そうした意味では、小室直樹が戦後日本の平和主義を指して「一つの信仰にまでたかめられている」[45]と皮肉を言ったことは正しいような気がする。戦中の日本人も戦後の日本人も、今の私たちが思っているほど正反対にはなっていない。軍国主義から平和主義に「回心」したつもりだったけれども、単に服を着替えただけで、中身の人間は実はまだ同じような目つきをしているのではなかろうか。

平和の構築や維持というのは、戦争や軍事と同様に、人間や社会の状況に対する具体的な働きかけに他ならない。そうした意味で、「平和」への取り組みは、「戦争」への取り組みとあくまでも同じ地平にある。したがって、「必勝への信念」でもって戦争に勝とうとしたことが愚かだったとするならば、「平和への信念」でもって素晴らしい社会を構築しようとすることもどこかずれている。平和な社会を作ってそれを維持するには、戦争と同様に、冷徹な戦略、戦術、そして十分な装備と補給が必要であるだろう。一匹や二匹のネコを飼うには愛情だけでどうにかなるかもしれないが、一〇〇匹や二〇〇匹のネコを飼うならば、もはや愛情だけではだめである。そこでは、きちんとした知識・技術に基づいた飼育法が求められ、十分な設備や資金が必要となる。もはや愛だの信念だのと言っている場合ではない。ならば、何百万人、何千万人という人間の生存に関しては、なおさらである。

一人ひとりが「必勝への信念」や「愛国心」を持てば戦争に勝てるわけではなかったように、一人ひとりが「平和への信念」や「人類愛」を持てば美しい世界になるわけでもない。現に私たちは、法律、裁判、税金、保険など、さまざまな制度やシステムでもって社会を安定させようとしているように、個々人の愛や信念の合算だけでは人間社会の諸問題をカバーすることはできないことを知っている。それなのに、なぜか戦争・平和の話になると、愛や信念を叫びたがる人たちが出てきてしまう。

愛そのものを否定するつもりはない。しかし、私たちがふだん気軽に口にしているような愛には、平和を託すことはできない。戦争や暴力は本当に恐ろしいものだから、もしそれらを抑止できるような愛があるとすれば、それは、暴力そのものよりも熱く、激しく、異常な情念であるはずだ。普通の人々は、そのような愛を発揮することはできない。

「信じる」とはどういうことか

誰もが平和こそが理想であると考え、平和ほど大事なものはないと口にする。平和の価値を「疑う」という人はまずいないと言っていい。だが、では平和の価値を「信じる」とはどういうことなのだろうか。それはよく考えると、結構不思議な行為なのではないかと思われる。それについて説明するために、まずは宗教における「信じる」という行為について、簡単に見てみたい。

宗教を「信じる」というのは、実はけっこう曖昧な行為である。例えば、一六世紀の半ばにザビエルが日本にやって来て、それ以降急速にキリシタンが増え、わずか数十年でその信徒は数十万人にもなった。しかし、当時の日本ではまだ日本語訳の聖書など流通していなかったし、神学や教会史を学ぶ機会もほとんどなかった。日本語のつたない宣教師の説教くらいしか、その宗教について知る手がかりはなかった。何を「信じ」ればいいのか満足にわからなかったはずだが、それでも日本のキリシタンは数十万人にもなったのである。いったい信徒たちは何を信じ、何をもってして自分には信仰があると思っていたのだろうか。実に不思議に思われるが、それは日本だけではない。ヨーロッパでも長いあいだ、聖書は一般人の読めないラテン語訳が使われており、印刷機が発展する以前は聖書そのものが貴重品で、一般信徒が自宅で個人的に聖書を読むことなどなかった。では人々は、その宗教をどう理解し、何を信じていたのだろうか。当時の庶民の信仰理解は、実際にはかなり曖昧なものだったであろう。はっきり言って、キリスト教の思想や教えなど全然わかっていない者も多かったはずである。

こうした実情は、実は現代でもさほど大きくは変わっていない、各国語訳の聖書や神学入門書が簡単に手に入る現在でさえ、「三位一体」とか「贖罪《しょくざい》」とか、キリスト教思想の重要な概念を正しく説明できる一般信徒は、実際にはかなり少ないと思われる。四つの福音書のあいだの差異や、パウロの書簡にある言葉の意味など、きちんと説明できる信徒はめったにいない。調べたり、考えたり、教わったりしようと思えばできるはずだが、それすらきちんとやる人は少ない。多くの信徒は、自分たちの宗教について意外と無知なのだ。だが、それにもかかわらず、彼らは自分には信仰があると思っている。日本の一般的な仏教徒でも、家族の葬儀で僧侶が唱えるお経の意味を十分に理解できている人など稀であろう。つまり、宗教というのは、実はその信仰内容をよく理解できていないのに、それにもかかわらず真顔で「信じています」と言い張ることができてしまうという点で、不思議な営みなのである。

この世は善なる神によって創造されたというのがキリスト教の大前提である。しかし、現実には戦争・犯罪・病気・事故・災害など、さまざまな「悪」がある。善なる神が支配しているはずのこの世界に、なぜ「苦しみ」「悲しみ」があるのか。これは深刻な矛盾であり、これまで神学者たちは盛んに議論をしてきた。それは「神義論《しんぎ》」と呼ばれるもので、これまでのそうした議論の蓄積は膨大だ。ある者は「人間を成長させるために理不尽な悪に見えるものも与えてくることがある慈悲深い神」を信じようとし、別の者は「悪を阻止することはできないけれども人間を支えてくださる神」を信じようとし、また別の者は、悪は「存在する」のではなく「善の欠如」であるなどと論じたりする。悪としか言いようのないものがある現実を見つめながら、それでも何が何でも神の正しさを論証しようとする議論もあれば、神の愛と全能を認めつつも、悪については率直に神に抗議することで逆説的に神への信頼を表現しようとする議論もある。実にさまざまなパターンの神義論があるが、万人が納得できるようなものはいまだにない。

神学者ではないほとんどの一般信徒は、神がいるにもかかわらず「悪」もあるという現実について、「まだうまく説明できません」「わかりません」と答えるしかない。それはそれで仕方がないと思う。しかし、悪に関する問題の答えがわからないならば、それは要するに、どういう神を信じているのか自分でもわかっていないということになってしまうので、そもそも「信じる」という行為になっていないことにならないだろうか。だが、それにもかかわらず、多くの信徒は、自分は「信じ」ていると思っている。何を「信じ」ているのか理解できていないけれども、なぜか「信じる」という行為が成り立っているのである。決してそれが悪いと言っているのではない。宗教的信仰というのはそうした点で、人間のさまざまな営みのなかでもユニークなものだと言いたいのである。

ほとんどの信徒たちの「信じる」は、実際にはさほど徹底したものでもない。世界総人口の約三三％を占めるキリスト教徒たち自身は、確かに自分は神を信じている、と信じているかもしれない。彼らは聖書を読み、礼拝に出席し、可能な限りキリスト教的な倫理にしたがって生きていこうと思っている。しかし、実際のところ信徒たちは二四時間、三六五日、常に神を念頭においた生き方などできていない。実際には、神や信徒仲間に見られたら恥ずかしいようなこともこっそりとやっているものである。しばらくは信仰的理想とは異なる生活をしてしまい、しかし何かのひょうしで再び敬虔な気持ちに戻ることもあるが、またしばらくすると神を無視するような生活を送ってしまったりもする。もし「信じる」と決めた時点で残りのすべての人生を信仰的なものにできるのならば、世の中には犯罪もいじめもずっと少ないはずである。

宗教は、実際にはなかなか人に「信じる」で一貫した生活を送らせることはできない。一般信徒において「信仰」は、はっきり言って、騙《だま》しだまし営まれるものである。信徒たちは、信じているようで信じておらず、信じていないようだけれどもやっぱり信じている、という曖昧な揺れ動きのなかを生きるのである。

「平和」とは何か、「愛」とは何か、本当に知っているのか

なぜこんな話をしたのかというと、こうした「信じる」という行為に見られる曖昧さ・不徹底さというのは、キリスト教に限った話ではなく、また宗教に限った話でもなく、「平和主義」においても言えるのではないかと思われるからである。

平和というのは大切なものだ、平和ほど大事なものはない、と誰もが言う。しかし、キリスト教徒も一人ひとりは実はあまりきちんとその教義や思想を理解していないまま「信じ」ているのが実態であるように、平和主義者の多くもまた、実は自らの主義や思想の内実をあまりよくわかっていないまま、その価値を「信じ」ているのではないだろうか。

思い出していただきたいのは、第三章で紹介した、ソクラテスたちが「勇気とは何か」について議論したけれども結局答えにたどり着けなかった話である。今それと同じように、ソクラテスと共に「平和とは何か」を考えてみるとして、果たして私たちはきちんとした答えにたどり着けるだろうか。はっきり言って、かなり難しいのではないかと思われる。見てきたように、将軍ニキアスとラケスは、「勇気」とは何かについて、当然わかっているつもりであれこれ言ってはいたけれども、実はわかっていなかったことが明らかになってしまった。それと同様に、おそらく私たちも、「平和」とは何か、わかっているつもりだけれども、実は全然わかっておらず、ソクラテス的な問答を重ねていくと、結局「不知を自覚」せざるを得なくなる可能

性が高い。「勇気」とは何なのかがわかっていなかったら、それを身につける方法もわからなくて当然だとソクラテスは考えた。ならば、同じように、「平和」が何なのかがわかっていなかったら、それを実現する方法もわからなくて当然であろう。

キリスト教徒は実は自分でもよくわかっていないのに「神」だの「罪」だの「三位一体」だのと口にして、さらには他人にもそれを信じさせようとしているが、平和主義者も実はよくわかっていないまま「平和、平和」と叫び、ときにはそれでもって何かに対して怒ったり抗議したりしている。軍隊の指揮官が兵士たちに「勇気」を持てと命じておきながら、実は「勇気」とは何なのかわかっていないとしたらそれは滑稽であるが、同様のことは「平和」についても「愛」についても言えてしまうのではなかろうか。

キリスト教徒も実際の生活ではキリスト教的価値観と矛盾するような振る舞いをすることがあるように、平和主義者も自らの信念とは矛盾するような振る舞いをすることがある。キリスト教徒のあいだでもいじめや犯罪があるように、平和主義者も実際の生活では誰かと衝突したり自分勝手なことをしたりする。そうした傾向を糾弾したいのではない。私たち人間とはそもそもそういうものであろう、と言いたいのである。

「信仰」も「平和主義」も、所詮は人間の営みに他ならない。平均的な人間においては、宗教的信仰は、矛盾しており、曖昧であり、不徹底なものである。そして多くの人は自分が信じているはずのその教義を意外なほど理解できていない。平和主義においてもおそらく同様で、そこにはどうしても矛盾、曖昧さ、不徹底さがあり、多くの人は自分の主張する「平和」の内実を本当はよくわかっていない。しかし、それでも、それを「信じ」ており、「大切」だと思っているのだ。それがおかしいと言いたいのではない。何かを大切にしようとする人間の姿勢や佇まいというのは、だいたいそういうものなのだ。それが大方の人間の認知や行動なのだとわきまえることが、現在と未来の平和を考えるための大前提として、重要な事実認識だと思うのである。

戦艦大和と吉田満

「平和」とは何か。誠実に考えようとすれば、実はよくわからないと言うしかない。

しかし、それにもかかわらず、現に私たちは、毎日を生きていかねばならない。「平和」について、まったくつかみどころがないままこの世界で生きていくというのは、実際にはなかなかしんどいものであろう。何かしら、思索の手がかり、足がかりは欲しい。

そこで、以下では、『戦艦大和ノ最期』の著者として知られる吉田満《みつる》の経験と言葉から、「平和」について考えてみたい。

吉田満は、一九四二年に東京帝国大学法学部に入学するが、もうすでに日本は戦争の時代に入っていた。彼はわずかな期間で大学を繰り上げ卒業させられ、海軍電測学校をへて少尉に任官し、副電測士として戦艦「大和」に配属された。そして一九四五年の四月、終戦まであと四ヶ月というところで、大和は軽巡洋艦一隻および駆逐艦八隻とともに、沖縄方面へ海上特攻隊として出撃することになった。吉田は二二歳だった。

大和を中心とした艦隊は、沖縄方面に向けて航行し、日付は四月七日になった。その日の戦闘の推移は、沈没の瞬間まで分刻みでわかっている。大和では、一二時一五分にはすでに総員戦闘配置についていた。午前中にすでに敵機大編隊の接近を探知していたため、事前に大急ぎで早めの昼食も配られていた。その時に乗組員たちに配られたのは、おにぎり三つとタクアン二切れと缶詰の牛肉一切れ、もしくは、おにぎりとゆで卵二つなどであった。[46] それが、ほとんどの乗組員たちにとって、人生最後の食事となった。

それを食べ終わると、まもなく上空に米軍攻撃隊が姿を現した。一二時三四分、敵機が攻撃態勢をとると、大和でも号令がかかり、一斉に対空射撃が開始された。甲板は猛烈な爆音と火薬の匂いに包まれ、空薬莢《からやっきょう》が足元に散らばっていった。

敵機は時速五〇〇キロで突っ込んでくる。何機かには弾が命中し、それは煙を吐きながら離脱していった。しかし数があまりに多く、そのすべてを撃墜することはできない。防弾シールドのない銃座にいた乗組員の多くは、敵の機銃弾に胴体を貫かれて即死し、あるいは爆弾で手足を吹き飛ばされていった。艦内にいても、爆弾による火災で焼け死ぬ者もいれば、魚雷による浸水で溺死する者も多かった。炎と爆音、怒号と悲鳴、あちらこちらに遺体や手足の一部が散乱し、甲板や医務室はそれまで誰も見たことのない量の血で染まった。阿鼻叫喚の地獄である。その戦闘の様子を、吉田は後に次のように書き残している。

「死が、血しぶきとなり肉片となって私の顔にまといついた。或る者は、まなじりを決したまま、一瞬飛び散って一滴の血痕ものこさなかった。他の者は、屍臭にまかれ恐怖に叩きのめされて失神し、身動きも出来ぬままなお生を保っていた。およそ人の訴えを無視し、ときところを選ばぬ死神の跳梁、生の頂点をのぼりつめて、死の勾配を逆落ちながら、あばかれる赤裸々なその人間。蒼ざめたまま口を歪めてこときれる者。女神のような微笑みをたたえ、ふと唇をとじる者。人生のような、芝居のような、戦闘の一局面。そこでは、一切に対する、想像も批判も連想も通用しない。ただ、見、押し、抱くことが出来るばかりであった」[47]

大和の対空射撃もかなりのものだったようだが、それでも次々と爆弾と魚雷が命中させられた。艦内の複数箇所で火災が起き、浸水も止められなくなった。注水をしても艦はバランスを保つことが難しくなり、しだいに傾きを増していく。

約二時間の激闘の末、とうとう操艦不能と判断され、「総員上甲板」の命令が出された。もう逃げてよい、という意味の指示である。だが、乗組員のほとんどはもう動くことも困難だったようだ。全長二六三メートルの巨艦は、左舷側に大きく傾き、やがて大爆発を起こす。脱出することができなかった者たちを大勢中に閉じ込めたまま、大和は海中に沈んでいった。午後二時二三分であった。

かろうじて艦の外に出ることが出来た者たちは、さらにそれから数時間にわたって重油の漂う海に浮かび、救助を待たねばならなかった。米軍機は漂流者に対しても機銃掃射をした。大怪我をしていたがなんとか浮遊物につかまって耐えていた者たちも、途中で力尽きて、眠るように目を閉じ、そのまま沈んでいったという。敵潜水艦に対する警戒や、他の損傷艦の救援などもあったため、暗くなる前に救助活動も打ち切らざるをえなかった。

その日、大和の乗組員で生き残ることができたのは、総員三三三二名のうち、一割にも満たなかった。吉田はその奇跡的な生還者の一人であった。

その約四ヶ月後、ようやく戦争は終わった。

静かに緊張した、謙虚に充実した、日常生活

吉田は、終戦後まもなく、ほぼ一晩で『戦艦大和ノ最期』を書き上げた。出版には紆余《うよ》曲折

があったが、それは結果的にさまざまな反響を呼んだ。そしてそれを読んでくれたカトリック司祭の今田健美《こんだたけみ》との出会いを通して、彼はキリスト教に関心をもつようになっていった。そして一九四八年、彼は洗礼を受けてカトリック信徒となる。それからしばらく後に彼はプロテスタントに改宗するが、それ以降も、銀行員として働きながら五六歳で亡くなるまで、キリスト教信仰に基づく多くのエッセーを書き残した。

吉田は、死ぬはずだった特攻作戦の生き残りとして、二二歳の時に経験したあの地獄はいったい何だったのか、平和とは何なのか、そして、信仰について、愛について、最期の時まで考え続けたのである。

吉田は生還してすぐの頃は、すさまじいひといくさに揉まれた自分はちょっと他人とは違うのだ、という優越感のようなものも実は抱いていたと告白している。だが、賜暇《しか》帰省で実家へ行った時、自分が帰省する旨を両親に伝えるために打った電報が戸棚にあるのを見つけた。それは文字がほとんど判別できぬほど涙で滲《にじ》んでいたという。それを見た時、吉田は、自分が生きているということがこんなに力を持っていたのかと霹靂を感じ、その涙の温かさ、透明さ、強さに心を打たれ、驕慢《きょうまん》になっていた自分を強く反省したという。吉田は「死と信仰」と題した文章のなかで次のように述べている。

「終戦が来て、平和が訪れ、身辺が平静にかえるに従い、私は自分に欠けていたものを、漠然と感じはじめた。死に臨んでの、強靭な勇気とか、透徹した死生観とかが、欠けていたのではない。静かに緊張した、謙虚に充実した、日常生活が欠けていたのである」[48]

この一文は、究極的には「信仰」のことを語っているように、私には思われる。重要なのは、立派な死生観ではない。頑強な勇気でもない。特殊な修行でもないし、学問的な神学でもない。ただ「静かに緊張した、謙虚に充実した、日常生活」なのだ。

吉田は別のエッセーでも似たことを述べている。「いざ死に直面したときに、ある悟りとか、特別な死生観とかが都合よく自分を助けてくれる、というようなことはありえない。あくまでも、平凡な毎日を生きている、ありのままの自分、頼りになるのは、それだけである」[49]という。これは、「信仰」のことであるのみならず、「平和」についても同じことが言えるのではないかとも思う。「平和」もまた、何か特別な思想なのではない。肩肘張った信念なのでもない。それも究極的には、静かに緊張した、謙虚に充実した、日常生活の問題なのではなかろうか。

吉田が『戦艦大和ノ最期』を執筆したのは、実際には彼の父と疎開仲間だった吉川英治による執筆のすすめもあったようだが、吉田自身としても、戦後の自分の生活のために、いわば心の整理として、筆をとったようである。ところが、その作品は、いわゆる進歩的評論家の側からは、戦争肯定・軍国主義鼓吹の文学だと批判され、その一方で高級士官だった者たちからは、大義を忘れた軟弱な作品だと攻撃されたのだった。しかし、吉田は自分の作品がさまざまな読まれ方をしたことに戸惑いつつも、必要以上の論争に加わることはしなかった。彼は、ただ静かに、自分が考えるべきことを考えようとした。「死・愛・信仰」と題したエッセーで彼は次のように述べている。

「俺は愛したい。献身したい。ひとに押し付けひとを叩くための議論でなく、そのためにこそ自分が生きているということだけを語りたい。そしてそのように生きたい」[50]

反戦の限界と愛

吉田は、特攻すなわち「死」を命じられ、実際に血みどろの現場を経験した者として、決して戦争を肯定はしない。むしろ徹底的にそれを批判する。平和や戦争に関する思想史では、条件付きで武力行使を認める「正戦論」というものがある。キリスト教思想史においては、実はそうした考えが主流であったし、今でもそうである。だが彼はそうしたものにも否定的である。平和への手段としての戦争とか、正義の戦争といったものには断固として反対の姿勢を見せている。ただし、その一方で、単なる戦争の否定も安易なものだとしているのである。彼は次のように言う。

「戦争はいやだから協力したくないというのは、平和への一つの出発点にはなりえても、それにとどまるならば、戦争否定ではなくて、戦争からの逃避に過ぎないでしょう。自分だけは戦争で手を汚したくないという自己中心の発想から、平和への地道な活動が生まれた例はありません」[51]

吉田は他の文章でも「単に戦争の害悪を強調し、戦争憎悪をかきたてるだけの反戦論」は「無意味ではないにしても、戦争を阻止するうえで無力」だとも述べている。[52]彼は基本的には絶対平和主義の立場をとる。しかし、その姿勢は、ただひたすら戦争に「反対」を叫んで軍事を批判するだけというものではなかった。吉田は別の文章でも次のように言っている。「戦争の悲惨さに対する嫌悪感、自分は戦争にいっさいかかわりたくないという逃避的な反戦意識だけで、平和を守りえないことは、歴史が証明している事実なのだ」[53]。

そして彼は、平和の理念を可能にするのは、究極的には「愛」であるとして、それを次のように表現している。「自分と相手の対立のすべてを包むより大きなものを確信し、その大きなものの意志が少しでもあらわされるように心を砕くこと、自分の敗北、絶滅への脅威ではなく、人間性に対する心底からの信頼を回復しそれに呼びかけること、自分の世界が支配力をもつことへの野望ではなくて、われわれ全体に祝福が与えられるよう切望すること、これこそが愛であり、平和への道でなければならない」[54]。

吉田は、「平和、平和」と叫んで軍事を否定するだけの反戦論は無意味だとするが、絶対平和主義の立場それ自体は肯定し、いかなる意味においても正戦論的な立場は退ける。そして、平和への道について、究極的には、キリスト教信仰に基づいた愛の概念でもって何かを言おうとした。そこまではわかるが、だが、それ以上の議論を深めることはないまま、彼は五六歳で亡くなってしまった。

『戦艦大和ノ最期』には、救助艇にしがみついて助けを求めた漂流者たちの手首を、艇指揮《ていしき》と乗組下士官が日本刀で斬り捨てたという伝聞に基づいた一節がある。なかなかショッキングなシーンである。その部分の史実性をめぐっては厳しい批判もあり、そんなことは決してありえなかったという意見や証言があることは私も承知している[55]。だが、この点について吉田を批判する一人で、同じく大和からの生還者である八杉康夫も、実際の救助の現場がかなり凄絶なものであったことは認めている。八杉によれば、救助の際は助けてもらおうとする者たちが船から降ろされたロープを奪い合ったり、身体を引っ張り合ったりする「地獄の争い」があって「怒号が飛び交い、無茶苦茶」だったと証言しており、「これが人間の本質だったのか」と衝撃を受けたという。[56] 沈没後の救助のプロセスは、決して穏やかなものではなく、むしろ人間の醜い側面があぶりだされるひどい一幕もあったことは確かなようだ。今ここでは吉田の「手首斬り」の記述についての真意や真相については論じない。だが、私は、この作品以外にも吉田が書いた多くのエッセーをほぼ全て読んだ限りでは、彼が戦後、本当に真剣に、心から、戦争と平和について考えていたことは間違いないと思う。

彼は同じ特攻で死んだ仲間たちを思い出して言う。

「死に果てたかれらの、いまはの心には、俺たちへの、精魂こめた希願が盛りこぼれていたのだ。もろともに捕えられていたこの愚かしい狂乱のうちから、生き残った俺たちに、その毒をきよめて新生を吹きこむちからを、切望していたのだ」。そして続ける。「かれらは、も早やいない。だがかれらを生かすも殺すも、ただ俺たちの生き方にあるのだ」[57]。

吉田の書き残したものは、学問的な思想研究の対象になりうるようなものではない。しかし、それらの行間からにじみ出てくる彼の真剣さと、その透き通った眼差しには、胸を打たれる。

肉の重荷を負った人間は

吉田は「青年の生と死」というエッセーで次のように述べている。

「肉の重荷を負った人間は、美しい抽象的な「平和」そのものを、生きることはできない。それぞれに与えられた役割を果たしながら、「平和」を求めて自分を鞭打つことだけが、許されているのである」[58]

この文章の前後では、吉田は新約聖書のなかのパウロの言葉や、キリスト教徒として戦死した日本人学徒兵の書簡を紹介している。この「肉の重荷を負った人間」という表現は、まず「霊」が意識されていて、それに対する「肉」なのであり、つまりこれは宗教的な言い回しだと考えてよい。だが、私たちは吉田のこの言葉を、そう堅苦しくキリスト教的な枠組みで捉える必要もない。これは、素朴な生活実感として読むこともできるのではないかと思われる。

私たちは、自分の無知や欲望から、しばしば間違いを犯す。ちょっとした言葉や行為でも人を傷つけるし、無意識のうちに自分勝手に振る舞ったりもするものである。善意からの行動でも、結果的に周囲に迷惑をかけることもある。愛とか、希望とか、平和とか、絆とか、寄り添いとか、支え合いとか、口ではあれこれ言っているが、純粋な理想の姿そのもので、毎日を生きることはできない。私たちは、物欲を捨て去ることはできないし、プライドを捨て去ることもできない。自分のおこなった悪と他人のおこなった善は微小に見え、自分のおこなった善と他人のおこなった悪は巨大に見える。ある作家が言うように、私たちは一人でいる時は平気で鼻の穴に指を入れて鼻糞《はなくそ》をほじっているのに、他人がそれをしているのを見ると、なんて下品で不潔な奴なのかと顔をしかめる。私たち、人間のほとんどは、だいたいそういうものである。だから、つまり、「美しい抽象的な平和そのもの」を生きることなんて、できるはずがないのだ。新兵が鬼教官から「靴に足を合わせろ」と命令されても無理なものは無理なように、純粋な平和に人間の側を合わせることもできない。

この世で、究極的な、理想的な平和は実現できないかもしれない。しかし、生まれた以上は、各自、それぞれに与えられた、ごくささやかな役割のために生きて、やがて死んで、忘れられていくしかない。それは、自分の意志でこの世に生まれてきたわけではなく、ふと気が付いたら命を与えられてこの世に登場していた私たちの、身のほどというものである。だから、そんな私たちが大切にすべきなのは、究極的には、「静かに緊張した、謙虚に充実した、日常生活」なのであり、それが真の意味での幸福というものなのではないか……。平和主義者であるために重要なのは、特別な世界観でも死生観でもない。そうではなく、例えば、大和の乗組員が人生最後のおにぎりをかみしめて戦闘に臨んだように、私たちも毎日三度の食事の時に、これが自分の人生の最後の食事になるかもしれないと、そのつど意識して、人生の残り時間を想像し、感謝して食べ、それでもって日々与えられた仕事をする、という素朴な謙虚さである。吉田が言いたかったのは、おそらく、だいたいこんなところだったのではないかと想像する。

吉田は、幾度にもわたるアメリカの雷爆機の攻撃で大和が大きく傾き、水平線がほぼ垂直にそそり立ったように見えた時も、不思議と死の不安はなかったという。だが彼は、沈没間際の大和から脱出する最後のチャンスのその瞬間、ふとあたり一面が異様に白く輝いて、何もかもがその真底から見透せてしまえるような、奇妙な感覚を持ったという。彼が後に回想するところによれば、その透明に輝く視界のなかで彼が見たのは、「死の空しさ」ではなく、「生の空しさ」だった。彼は続けて次のように述べている。「私に欠けていたのは、死に打ち勝つ勇気ではなく、生を直視する勇気であった」[59]。

私たちは皆、さまざまな矛盾と限界を抱えて生きている。だから、私たちに手出しできる「平和」は、あくまでも、曖昧で不徹底なものである。

吉田によれば、平和の問題とは、気持ちのいい議論や景気のいい宣伝とは無縁の「泥まみれな、血みどろの世界」の話である。平和論というのも「泥臭い模索と苦闘の積み重ね」に他ならない[60]。

そうであるならば、私たちが、本当に、真心をもって見つめるべきなのは、小綺麗でセンチメンタルな平和主義ではない。むしろ、私たち自身の生々しい矛盾や、限界や、醜さの方なのではないだろうか。自分自身を把握することこそ、あらゆる戦略の立案と実践において、最重要なものだからである。

1　石原莞爾『戦争史大観』中公文庫、一九九三年、二三頁。
2　石原莞爾『最終戦争論』中公文庫、一九九三年、五八頁。
3　同書、六〇～六一頁。
4　大谷栄一『日蓮主義とはなんだったのか――近代日本の思想水脈』講談社、二〇一九年、三〇八頁。
5　宮下隆二『イーハトーブと満洲国――宮沢賢治と石原莞爾が描いた理想郷』ＰＨＰ研究所、二〇〇七年、二三七頁。
6　同書、二一一頁。
7　同書、二三七頁。
8　「ローマの信徒への手紙」一三章一二節。
9　「エフェソの信徒への手紙」六章一一節～一七節、「テサロニケの信徒への手紙一」五章八節、など。
10　「フィリピの信徒への手紙」一章二七節～三〇節、「テモテへの手紙一」六章一二節、など。
11　「テモテへの手紙二」二章三節。
12　キャサリン・アレン・スミス『中世の戦争と修道院文化の形成』井本晌二、山下陽子訳、法政大学出版局、二〇一四年、一九五頁。

13 同書、三四七頁。

14 エラスムス『エンキリディオン――キリスト教戦士の手引き』（『エラスムス神学著作集』金子晴勇訳、教文館、二〇一六年）。

15 同書、一四～一五頁。

16 同書、二二頁。

17 金子晴勇「『エンキリディオン』解説」（『エラスムス神学著作集』）六三五頁。

18 カール・ヒルティ『幸福論（第二部）』草間平作、大和邦太郎訳、岩波文庫、一九六二年、七二～七三頁。

19 カール・ヒルティ『眠られぬ夜のために（第一部）』草間平作、大和邦太郎訳、岩波文庫、一九七三年、二八九頁。

20 内村鑑三「ガリラヤの道」（『内村鑑三聖書注解全集』第一五巻、教文館、一九六一年）一二七～一二八頁。

21 同書、一二六～一二七頁。

22 同書、一二七頁。

23 同書、一二五頁。

24 内村鑑三の「非戦論」と軍人へのシンパシーの両立について、詳しくは、石川明人『戦場の宗教、軍人の信仰』（八千代出版、二〇一三年）の第三章を参照。

25 栗林輝夫『アメリカ大統領の信仰と政治――ワシントンからオバマまで』キリスト新聞社、二〇〇九年、一〇七頁。

26 Mark Juergensmeyer, *Terror in the Mind of God, The Global Rise of Religious Violence,* University of California Press, 2001, p. 160. クラブトゥリーの当該論文は次の通り。Harriet Crabtree, "Onward Christian Soldiers? The Fortunes of a Traditional Christian Symbol in the Modern Age," *Bulletin of the Center for the Study of World Religion,* Harvard University, 16:2, 1989/90, 6–27.

27 アルフレート・ファークツ『ミリタリズムの歴史――文民と軍人』望月幸男訳、福村出版、一九九四年、一二頁。

28 ヴェルナー・ゾンバルト『戦争と資本主義』金森誠也訳、講談社学術文庫、二〇一〇年、四六～四七頁。

29 同書、二一五頁。

30 マーク・ユルゲンスマイヤー「宗教戦争・テロリズム・平和」（島薗進、ヘリー・テル＝ハール、鶴岡賀雄編『宗教――相克と平和』秋山書店、二〇〇八年）二七頁。

31 ジョン・キーガン『戦略の歴史――抹殺・征服技術の変遷　石器時代からサダム・フセインまで』遠藤利国訳、心交社、一九九七年、一四頁。

32 同書、六一頁。

33 プロテスタントにおいては、牧師や大学教授などからなる計一二名の班が作られた。詳しくは『日本基督教団史資料集』第二巻（日本基督教団出版局、一九九八年）二九三頁以下、および、豊川慎「平和の神学の課題としての戦争責任論――フィリピン宗教宣撫班員と戦犯とされた一キリスト者の手記に見る戦争罪責考」(明治学院大学キリスト教研究所『紀要』第四九号、二〇一七年)などを参照。
34 日本のフィリピン占領期に関する史料調査フォーラム編『インタビュー記録 日本のフィリピン占領』龍溪書舎、一九九四年、五四一頁、五五七頁。
35 同書、五八五頁。
36 小野豊明「比島宣撫と宗教班」(小野豊明、寺田勇文編『南方軍政関係史料⑯ 比島宗教班関係史料集』第二巻、龍溪書舎、一九九九年)一五一頁。
37 同書、一五四〜一六二頁。
38 寺田勇文「宗教宣撫政策とキリスト教会」(池端雪浦編『日本占領下のフィリピン』岩波書店、一九九六年)二六二頁。
39 小野豊明「フィリッピンにおける宗教宣撫班の活躍を回顧して」(小野豊明、寺田勇文編『南方軍政関係史料⑯ 比島宗教班関係史料集』第一巻、龍溪書舎、一九九九年)一五〜二七頁。
40 『インタビュー記録 日本のフィリピン占領』五六八頁。
41 同書、五五〇頁。
42 カトリック女子宗教部隊について詳しくは、山北タツエのインタビュー(『インタビュー記録 日本のフィリピン占領』六二七〜六八二頁)を参照。同書の六三二頁には、メンバーの名簿も掲載されている。
43 志村辰弥『教会秘話――太平洋戦争をめぐる』中央出版社、一九七一年、一二六頁。
44 星新一「敬遠」(『だれかさんの悪夢』新潮文庫、一九八一年)。

45 小室直樹『新戦争論――〝平和主義者〟が戦争を起こす』光文社文庫、一九九〇年、二一四頁。
46 坪井平次『戦艦大和の最後――一高角砲員の苛酷なる原体験』光人社NF文庫、一九九三年、二三〇頁、および、吉田満、原勝洋『日米全調査　戦艦大和』文藝春秋、一九七五年、二一三頁、二一三頁、などを参照。
47 吉田満「死・愛・信仰」（『吉田満著作集』下巻、文藝春秋、一九八六年）五四一頁。
48 吉田満「死と信仰」（『吉田満著作集』下巻）五六五頁。
49 吉田満「青年の生と死」（『吉田満著作集』下巻）五七三頁。
50 吉田満「死・愛・信仰」五四三頁。
51 吉田満「戦争体験をめぐって」（『吉田満著作集』下巻）二〇三頁。
52 吉田満「平和への一歩」（『吉田満著作集』下巻）六五六頁。
53 吉田満「散華の世代」（『吉田満著作集』下巻）四四頁。
54 吉田満「戦中派の求める平和」（『吉田満著作集』下巻）六二四〜六二五頁。
55 例えば、八杉康夫『戦艦大和　最後の乗組員の遺言』（ワック、二〇〇五年）の一六六〜一七〇頁など。これについてはさまざまな文献で触れられている。栗原俊雄『戦艦大和――生還者たちの証言から』（岩波新書、二〇〇七年）一八一〜一九九頁、なども参照。
56 八杉康夫、前掲書、九二〜九三頁。
57 吉田満「終りなき貫徹」（『吉田満著作集』下巻）二〇八頁。
58 吉田満「青年の生と死」五七五頁。
59 吉田満「戦中派の求める平和」六一三頁。

60 同書、六二一頁、六二七頁。

参考文献一覧

以下では、本書で参照したり言及したりした書籍や論文のうち主なものを、著者名の五十音順・アルファベット順で列挙した。共著の場合は筆頭著者名、著者が不明なものについては発行者もしくはタイトルの五十音順にし、外国語文献のうち邦訳も参照したものについては訳書を併記した。

青木保、川本三郎、筒井清忠、御厨貴、山折哲雄編著『近代日本文化論 一〇 戦争と軍隊』岩波書店、一九九九年
阿川弘之『山本五十六』（上・下）新潮文庫、一九七三年
浅野裕一『孫子』講談社学術文庫、一九九七年
アードレイ、ロバート『アフリカ創世記――殺戮と闘争の人類史』徳田喜三郎、森本佳樹、伊沢紘生訳、筑摩書房、一九七三年
荒木貞夫『皇国の軍人精神』朝風社、一九三三年
石井雅巳『西周と「哲学」の誕生』堀之内出版、二〇一九年
石川明人『戦場の宗教、軍人の信仰』八千代出版、二〇一三年
石川明人『キリスト教と戦争――「愛と平和」を説きつつ戦う論理』中公新書、二〇一六年

石川明人『私たち、戦争人間について――愛と平和主義の限界に関する考察』創元社、二〇一七年
石川明人『キリスト教と日本人――宣教史から信仰の本質を問う』ちくま新書、二〇一九年
石川明人『すべてが武器になる――文化としての〈戦争〉と〈軍事〉』創元社、二〇二一年
石川明人『宗教を「信じる」とはどういうことか』ちくまプリマー新書、二〇二二年
石川達三『生きている兵隊（伏字復刻版）』中公文庫、一九九九年
石津朋之編著『戦争の本質と軍事力の諸相』彩流社、二〇〇四年
石原莞爾『戦争史大観』中公文庫、一九九三年
石原莞爾『最終戦争論』中公文庫、一九九三年
一ノ瀬俊也『皇軍兵士の日常生活』講談社現代新書、二〇〇九年
一ノ瀬俊也『米軍が恐れた「卑怯な日本軍」――帝国陸軍戦法マニュアルのすべて』文藝春秋、二〇一二年
一ノ瀬俊也『軍隊マニュアルで読む日本近現代史――日本人はこうして戦場へ行った』朝日文庫、二〇二一年
伊藤桂一『兵隊たちの陸軍史』新潮選書、二〇一九年
井上文則『軍と兵士のローマ帝国』岩波新書、二〇二三年
井上義和『未来の戦死に向き合うためのノート』創元社、二〇一九年
今井宏『クロムウェルとピューリタン革命』清水書院、二〇一八年
今井雅晴『中世社会と時宗の研究』吉川弘文館、一九八五年
岩崎嘉秋『甦った空――ある海軍パイロットの回想』文春文庫、二〇〇八年

デ・ウォラギネ、ヤコブス『黄金伝説』全4巻、前田敬作、今村孝、山口裕、西井武、山中知子訳、平凡社ライブラリー、二〇〇六年
鵜飼秀徳『仏教の大東亜戦争』文春新書、二〇二二年
内村鑑三『後世への最大遺物・デンマルク国の話』岩波文庫、一九四六年
内村鑑三『内村鑑三聖書注解全集』第一五巻、教文館、一九六一年
エラスムス『平和の訴え』箕輪三郎訳、岩波文庫、一九六一年
エラスムス『痴愚神礼讃』沓掛良彦訳、中公文庫、二〇一四年
エラスムス『エラスムス神学著作集』金子晴勇訳、教文館、二〇一六年
エリス、ジョン『機関銃の社会史』越智道雄訳、平凡社ライブラリー、二〇〇八年
生出寿『ニミッツと山本五十六』徳間文庫、二〇〇〇年
大江志乃夫『戦争と民衆の社会史』徳間書店、一九七九年
大江志乃夫『徴兵制』岩波新書、一九八一年
大江志乃夫『統帥権』日本評論社、一九八三年
大谷栄一『日蓮主義とはなんだったのか――近代日本の思想水脈』講談社、二〇一九年
大谷栄一「「戦場の宗教」を問う」(『歴史評論』二〇二一年八月号)
大原康男『帝国陸海軍の光と影――一つの日本文化論として』展転社、二〇〇五年
岡本拓司「科学論からみた天皇制下の国家――戦間期を中心に」(『宗教研究』四〇七、二〇二三年)
小野豊明、寺田勇文編『南方軍政関係史料⑯ 比島宗教班関係史料集』全二巻、龍溪書舎、一九九九

九年
小和田哲男『呪術と占星の戦国史』新潮選書、一九九八年
カイヨワ、ロジェ『戦争論――われわれの内にひそむ女神ベローナ』秋枝茂夫訳、法政大学出版局、一九七四年
カウティリヤ『実利論』（上・下）上村勝彦訳、岩波文庫、一九八四年
加藤陽子『天皇と軍隊の近代史』勁草書房、二〇一九年
河野仁『〈玉砕〉の軍隊、〈生還〉の軍隊――日米兵士が見た太平洋戦争』講談社選書メチエ、二〇〇一年
神田千里『戦国と宗教』岩波新書、二〇一六年
喜多村理子『徴兵・戦争と民衆』吉川弘文館、一九九九年
衣川仁『僧兵＝祈りと暴力の力』講談社選書メチエ、二〇一〇年
クセノフォーン『ソークラテースの思い出』佐々木理訳、岩波文庫、一九五三年
クセノポン『アナバシス――敵中横断6000キロ』松平千秋訳、岩波文庫、一九九三年
久野潤『帝国海軍と艦内神社』祥伝社、二〇一四年
熊谷光久『日本軍の精神教育――軍紀風紀の維持対策の発展』錦正社、二〇一二年
クラウゼヴィッツ協会編『クラウゼヴィッツ生誕二百周年記念論文集 戦争なき自由とは――現代における政治と戦略の使命』クラウゼヴィッツ研究委員会訳、日本工業新聞社、一九八二年
栗原俊雄『戦艦大和――生還者たちの証言から』岩波新書、二〇〇七年
栗林輝夫『アメリカ大統領の信仰と政治――ワシントンからオバマまで』キリスト新聞社、二〇〇

九年
グレーヴズ、ロバート『さらば古きものよ』（上・下）工藤政司訳、岩波文庫、一九九九年
呉座勇一『一揆の原理』ちくま学芸文庫、二〇一五年
小林道彦『近代日本と軍部 1868-1945』講談社現代新書、二〇二〇年
小松真一『虜人日記』ちくま学芸文庫、二〇〇四年
小室直樹『新戦争論――〝平和主義者〟が戦争を起こす』光文社文庫、一九九〇年
斎藤利生『武器史概説』学献社、一九八七年
指昭博『キリスト教と死――最後の審判から無名戦士の墓まで』中公新書、二〇一九年
佐藤彰一『剣と清貧のヨーロッパ――中世の騎士修道会と托鉢修道会』中公新書、二〇一七年
司馬遼太郎『この国のかたち 一 一九八六～一九八七』文藝春秋、一九九〇年
島薗進『神聖天皇のゆくえ――近代日本社会の基軸』筑摩書房、二〇一九年
島薗進『明治大帝の誕生――帝都の国家神道化』春秋社、二〇一九年
清水多吉『西周――兵馬の権はいずこにありや』ミネルヴァ書房、二〇一〇年
清水雅夫『王冠のないイギリス王 オリバー・クロムウェル――ピューリタン革命史』リーベル出版、二〇〇七年
志村辰弥『教会秘話――太平洋戦争をめぐる』中央出版社、一九七一年
『十六・七世紀イエズス会日本報告集』第Ⅲ期第七巻（松田毅一監訳）同朋舎出版、一九九四年
夙夜堂編『近衛歩兵第一聯隊歴史』玄文社、一九一四年
上法快男編、稲葉正夫監修『陸軍大学校』芙蓉書房、一九七三年

ジル、ベルトラン『ルネサンスの工学者たち――レオナルド・ダ・ヴィンチの方法試論』山田慶兒訳、以文社、二〇〇五年
菅原光『西周の政治思想――規律・功利・信』ぺりかん社、二〇〇九年
鈴木健一「旧日本陸軍における軍旗の性格について」(『史境』四八、二〇〇四年)
闞太常編『歩兵全書』川流堂、一九四〇年
大日本帝国陸軍『統帥綱領・統帥参考』偕行社、一九六二年
大本営陸軍部『従軍兵士ノ心得』一九三八年
高杉洋平「軍縮と軍人の社会的地位」(筒井清忠編『昭和史講義2――専門研究者が見る戦争への道』ちくま新書、二〇一六年)
高杉洋平「「軍縮期」の社会と軍隊」(筒井清忠編『大正史講義』ちくま新書、二〇二一年)
高杉洋平「「軍縮期」の軍人と世論――軍国主義台頭の背景」(筒井清忠編『昭和史研究の最前線――大衆・軍部・マスコミ、戦争への道』朝日新書、二〇二二年)
高野信次『神になった武士――平将門から西郷隆盛まで』吉川弘文館、二〇二二年
筒井清忠『戦前日本のポピュリズム――日米戦争への道』中公新書、二〇一八年
坪井平次『戦艦大和の最後――一高角砲員の苛酷なる原体験』光人社NF文庫、一九九三年
ディキンソン、F・R『大正天皇――一躍五大洲を雄飛す』ミネルヴァ書房、二〇〇九年
寺田勇文「宗教宣撫政策とキリスト教会」(池端雪浦編『日本占領下のフィリピン』岩波書店、一九九六年)
トマス、ゴードン & モーガン=ウィッツ、マックス『エノラ・ゲイ――ドキュメント・原爆投

下』松田銑訳、TBSブリタニカ、一九八〇年
長沼美香子『訳された近代――文部省『百科全書』の翻訳学』法政大学出版局、二〇一七年
成田龍一『大正デモクラシー――シリーズ日本近現代史④』岩波新書、二〇〇七年
ニコライ『宣教師ニコライの全日記（2）一八八一年～一八九一年八月』中村健之介監修、教文館、二〇〇七年
日本基督教団宣教研究所教団史料編纂室編『日本基督教団史資料集第2巻 第2篇 戦時下の日本基督教団（一九四一～一九四五年）』日本基督教団出版局、一九九八年
日本聖書協会『聖書 新共同訳』一九八七年
日本のフィリピン占領期に関する史料調査フォーラム編『インタビュー記録 日本のフィリピン占領』龍溪書舍、一九九四年
納富信留『哲学の誕生――ソクラテスとは何者か』ちくま学芸文庫、二〇一七年
野世英水「近代真宗本願寺派の従軍布教活動」（『印度學佛教學研究』六三、二〇一四年）
パウク、ヴィルヘルム&マリオン『パウル・ティリッヒ 1 生涯』田丸徳善訳、ヨルダン社、一九七九年
原勝洋『巨大戦艦「大和」全軌跡』学研、二〇一一年
原武史『大正天皇』朝日文庫、二〇一五年（朝日新聞社、二〇〇〇年）
バルベーロ、アレッサンドロ『近世ヨーロッパ軍事史――ルネサンスからナポレオンまで』石黒盛久訳、西澤龍生監訳、論創社、二〇一四年
パレット、ピーター編『現代戦略思想の系譜――マキャヴェリから核時代まで』防衛大学校「戦

争・戦略の変遷』研究会訳、ダイヤモンド社、一九八九年
ハワード、マイケル『改訂版 ヨーロッパにおける戦争』奥村房夫、奥村大作訳、中公文庫、二〇一〇年
ハンチントン、サミュエル『軍人と国家』(上・下) 市川良一訳、原書房、二〇〇八年
平間洋一編『戦艦大和』講談社選書メチエ、二〇〇三年
ヒル、クリストファー『オリバー・クロムウェルとイギリス革命』清水雅夫訳、東北大学出版会、二〇〇三年
ヒルティ、カール『幸福論』(全三巻) 草間平作、大和邦太郎訳、岩波文庫、一九六一年
ヒルティ、カール『眠られぬ夜のために』(全二巻) 草間平作、大和邦太郎訳、岩波文庫、一九七三年
広田照幸『陸軍将校の教育社会史――立身出世と天皇制』世織書房、一九九七年
ファッセル、ポール『誰にも書けなかった戦争の現実』宮崎尊訳、草思社、一九九七年
藤原彰『日本軍事史』上・下、社会批評社、二〇〇六年
布施将夫『近代世界における広義の軍事史――米欧日の教育・交流・政治』晃洋社、二〇二〇年
佛教史学会編『仏教史研究ハンドブック』法藏館、二〇一七年
プラトン『ラケス――勇気について』三嶋輝夫訳、講談社学術文庫、一九九七年
プラトン『ソクラテスの弁明』納富信留訳、光文社古典新訳文庫、二〇一二年
プラトン『饗宴』中澤務訳、光文社古典新訳文庫、二〇一三年
古川隆久『大正天皇』吉川弘文館、二〇〇七年

ベネディクト、ルース『菊と刀――日本文化の型』長谷川松治訳、講談社学術文庫、二〇〇五年
ホイジンガ、ヨハン『ホモ・ルーデンス』高橋英夫訳、中公文庫、一九七三年
保阪正康『昭和陸軍の研究』（上・下）朝日文庫、二〇〇六年
星新一「敬遠」（『だれかさんの悪夢』新潮文庫、一九八一年）
マクグラス、A・E『プロテスタント思想文化史――16世紀から21世紀まで』佐柳文男訳、教文館、二〇一〇年
マクニール、ウィリアム・H『戦争の世界史――技術と軍隊と社会』（上・下）高橋均訳、中公文庫、二〇一四年
マリノフスキー、ブロニスラフ『呪術・科学・宗教・神話』宮武公夫、高橋巌根訳、人文書院、一九九七年
三谷太一郎『日本の近代とは何であったか――問題史的考察』岩波新書、二〇一七年
宮下隆二『イーハトーブと満洲国――宮沢賢治と石原莞爾が描いた理想郷』ＰＨＰ研究所、二〇〇七年
ムーア、マイケル『マイケル・ムーア、語る。』満園真木訳、辰巳出版、二〇一三年
ムート、イエルク『コマンド・カルチャー――米独将校教育の比較文化史』大木毅訳、中央公論新社、二〇一五年
八杉康夫『戦艦大和 最後の乗組員の遺言』ワック、二〇〇五年
矢内原忠雄『キリスト者の信仰Ⅷ　余の尊敬する人物、続余の尊敬する人物』岩波書店、一九八二年

山室恭子『群雄創世紀――信玄・氏綱・元就・家康』朝日新聞社、一九九五年
山室建徳『軍神――近代日本が生んだ「英雄」たちの軌跡』中公新書、二〇〇七年
山本七平『ある異常体験者の偏見』文春文庫、一九八八年
吉田満『吉田満著作集』（上・下）文藝春秋、一九八六年
吉田満、原勝洋『日米全調査 戦艦大和』文藝春秋、一九七五年
吉田裕『日本の軍隊――兵士たちの近代史』岩波新書、二〇〇二年
吉田裕『日本軍兵士――アジア・太平洋戦争の現実』中公新書、二〇一七年
ロドリーゲス、ジョアン『日本教会史』（上・下）（『大航海時代叢書』Ⅸ・Ⅹ）江馬務、池上岑夫、伊東俊太郎、佐野泰彦、長南実、土井忠生、浜口乃二雄、藪内清訳、岩波書店、一九六七、一九七〇年
若原秀明『イギリス革命史研究』未来社、一九八八年

Bainton, Roland H. *Christian Attitudes toward War and Peace, A Historical Survey and Critical Re-evaluation*, Abingdon Press, 1990.
Bergen, Doris L. ed. *The Sword of the Lord, Military Chaplains from the First to the Twenty-First Century*, University of Notre Dame Press, 2004.
Bigler, Philip. *In Honored Grory, Arlington National Cemetery The Final post, Third Edition*, Vandamere Press, 1999.
Clausewitz, Carl von. *Vom Kriege*, Nikol Verlagsges.mbH, 2008（1832）.（Edited and taranslated

by Michael Howard, Peter Paret, *On War*, Princeton University Press, 1976. 篠田英雄訳『戦争論』上・中・下、岩波文庫、一九六八年。清水多吉訳『戦争論』上・下、中公文庫、二〇〇一年。日本クラウゼヴィッツ学会訳『戦争論 レクラム版』芙蓉書房出版、二〇〇一年）

Creveld, Martin van. *The Transformation of War*, Free Press, 1991.

Creveld, Martin van. *The Art of War: War and Military Thought*, Cassell & Co., 2000.

Creveld, Martin van. *Men, Women and War*, Cassel & Co., 2001.

Creveld, Martin van. *The Changing Face of War*, Presidio Press, 2006.

Creveld, Martin van. *The Culture of War*, Presidio Press, 2008.（石津朋之監訳『戦争文化論』上・下、原書房、二〇一〇年）

Crosby, Donald F. *Battlefield Chaplains: Catholic Priests in World War II*, University Press of Kansas, 1994.

Davis, Owen. *A Supernatural War, Magic Divination, and Faith during the First World War*, Oxford University Press, 2018.（江口之隆訳『スーパーナチュラル・ウォー――第一次大戦と驚異のオカルト・魔術・民間信仰』ヒカルランド、二〇二〇年）

Frazer, James George. *The Golden Bough: A Study in Magic and Religion*, Third edition, Macmillan, 1906-1915.（『金枝篇』全五巻、永橋卓介訳、岩波文庫、一九六六～一九六七年）

Gat, Azar. *A History of Military Thought*, Oxford University Press, 2001.

Gonzalez, Justo L. *The Story of Christianity*, vol. 1 and 2, Harper Collins, 2010.（石田学訳『キリスト教史』上・下、新教出版社、二〇〇二、二〇〇三年）

Hall, Bert S. *Weapons and Warfare in Renaissance Europe, Gunpowder, Technology, and Tactics*, Johns Hopkins University Press, 2002.（市場康男訳『火器の誕生とヨーロッパの戦争』平凡社ライブラリー、二〇一三年）
Hansen, Kim Philip. *Military Chaplains & Religious Diversity*, Palgrave Macmillan, 2012.
Hassner, Ron E. *War on Sacred Grounds*, Cornell University Press, 2009.
Hassner, Ron E. ed. *Religion in the Military Worldwide*, Cambridge University Press, 2014.
Hassner, Ron E. *Religion on the Battlefield*, Cornell University Press, 2016.
Hayden, Mark. *German Military Chaplains in World War II*, Schiffer Publishing, 2005.
Johnson, James D. *Combat Chaplain, A Thirty-Year Vietnam Battle*, University of North Texas Press, 2001.
Jomini, Antoine-Henri. Translated by Capt. G. H. Mendell, and Lieut. W. P. Craighill, *The Art of War*, Wilder Publications, 2008（1862）.（佐藤徳太郎訳『戦争概論』中公文庫、二〇〇一年）
Juergensmeyer, Mark. *Terror in the Mind of God, The Global Rise of Religious Violence*,（Third Edition）University of California Press, 2000.（立川良司監修、古賀林幸、櫻井元雄訳『グローバル時代の宗教とテロリズム』明石書店、二〇〇三年）
Keegan, John. Holms, Richard. Gau, John. *Soldiers: A History of Men in Battle*, Hamish Hamilton, 1985.（大木毅監訳『戦いの世界史――一万年の軍人たち』原書房、二〇一四年）
Keegan, John. *A History of Warfare*, Vintage Books, 1993.（遠藤利国訳『戦略の歴史――抹殺・征服技術の変遷』心交社、一九九七年）

Keegan, John. *War and Our World*, Vintage Books, 1998.

Kurzman, Dan. *No Greater Glory, The Four Immortal Chaplains and the Sinking of the Dorchester in World War II*, Random House, 2004.

Liddell Hart, B. H. *Strategy (Second Revised Edition)*, Faber and Faber, 1954, 1967.（市川良一訳『リデルハート 戦略論』上・下、原書房、二〇一〇年）

Maher, William L. *A Shepherd in Combat Boots, Chaplain Emil Kapaun of the 1st Cavalry Division*, Burd Street Press, 1997.

Malinowski, Bronislaw. *Magic, Science and Religion, and Other Essays*, Waveland Press, 1992 (1948).（宮武公夫、高橋巌根訳『呪術・科学・宗教・神話』人文書院、一九九七年）

McCoy, William. *Under Orders, A Spiritual Handbook for Military Personnel*, Edein Publishing, 2007.

Mode, Daniel L. *The Grunt Padre, The Service & Sacrifice of Father Vincent Robert Capodanno, Vietnam 1966–1967*, CMJ Marian, 2000.

Neiberg, Michael. *Warfare in World History*, Routledge, 2001.（稲野強訳『戦争の世界史』ミネルヴァ書房、二〇〇三年）

Peters, James Edward. *Arlington National Cemetery, Shrine to America's Heroes, 2nd Edition*, Woodbine House, 2000.

Pinker, Steven. *The Better Angels of our Nature, Why Violence has Declined*, Penguin Books, 2011.（幾島幸子、塩原通緒訳『暴力の人類史』上・下、青土社、二〇一五年）

Smith, Wilfred Cantwell. *The Meaning and End of Religion*, Fortress Press 1991.（Macmillan, 1962）（保呂篤彦、山田庄太郎訳『宗教の意味と終極』国書刊行会、二〇一一年）

Stroup, Russell Cartwright. *Letters from the Pacific, A Combat Chaplain in World War II*, University of Missouri Press, 2000.

Suganami, Hidemi. *On the Causes of War*, Oxford University Press, 1996.

Terkel, Studs. *The Good War, An Oral History of World War Two*, Pantheon, 1984.（中山容他訳『「よい戦争」』晶文社、一九八五年）

United States Army, Field Manual 1–05 Religious Support, 2003, 2019.

United States Army, Training Circular 1–05 Religious Support Handbook for the Unit Ministry Team, 2005.

United States Army, Army Regulation 165–1 Army Chaplain Corps Activities, 2015.

United States Army, Army Regulation 600–25 Salutes, Honors, and Courtesy, 2019.

United States Army, Training Circular 3–21.5 Drill and Ceremonies, 2021.

United States Bureau of Naval Personnel, NAVPERS 15555D, Navy Military Funerals, 1999.

United States Department of Defense Instruction 1300.15 Military Funeral Support, 2017.

United States Department of the Army, *Religious Requirements and Practices of Certain Selected Groups: A Handbook for Chaplains*, University Press of the Pacific, 1978.

Yost, Israel A. S. *Combat Chaplain, The Personal Story of the World War II Chaplain of the Japanese American 100th Battalion*, University of Hawaii Press, 2006.

おわりに

宗教も、戦争・軍事も、いずれも十分に体験や経験をするのが難しいものである。

まず宗教については、私はキリスト教徒なので、それについてある程度は経験が「ある」と言えるかもしれない。しかし、私が経験しているのは、現代日本のキリスト教の一部に過ぎない。欧米の神学をわずかに勉強したことはあるが、この宗教の多様なあり方を知り尽くしているとはとても言えない。大学生の頃は、よく宗教に勧誘されたのでそこの信者たちと議論をするのが趣味だったし、これまで神道、仏教、天理教、イスラーム、ヒンドゥー教、シク教、ジャイナ教、カオダイ教、その他某新宗教などの宗教施設に入ったことがある。その一部においては儀式や集会に参加したこともある。宗教学を専攻して博士論文を書いたし、今は学生たちに宗教学を教えている。だが、それでも決して「宗教」なるものの全体を経験しているとは言えない。

戦争や軍事についても、私は多くの読者と同様に、それを直接経験したことはない。自衛隊の航空機に乗せてもらい空を飛んだことは何度かあるし、防衛大学校や陸上自衛隊幹部候補生学校の中に入ったこともある。出張先の某国では軍用ライフルの射撃をしたこともあるが、その程度である。「はじめに」でも書いたが、祖父も曽祖父も陸軍将校だったので、石川家は軍人家系だったと言えるかもしれない。今は戦争のない日本で暮らしているが、政治的・経済的な因果関係をたどっていけば私の生活もいま外国で起きている戦争とつながっているはずで、自分はそれらと関係がないと言うのも無責任であろう。しかし、私自身はこれまで軍務についたことはないし、戦争に巻き込まれたこともない。

私たちは、一つの宗教や、一つの戦争を、深く研究することはできる。だが、「宗教」や「戦争・軍事」の全体を広く経験し尽くすことはできない。そんなことができる人はこれまでいなかったし、これからもいない。職業的な宗教家も軍人も、経験しうるのは、特定の時代の限られた範囲内のものでしかない。宗教や戦争は人間の生々しい現実であるが、それらについて、実際には十分な体験・経験はできないまま、調べたり、考えたりせねばならないのである。だから、本書のようなテーマに取り組む際には、知識や分析の技術のみならず、日頃の習慣的な内省や想像力といったものが、極めて重要になる。むしろ、そちらの方が決定的だと言ってもいいかもしれない。今さらながら、そう思う次第である。

当初、本書はもっとシンプルなものにする予定であった。だが、文献を調べていくうちに、つい多くの話題や事例を紹介したくなってしまった。いまあらためて、今回の原稿のために作っていた五冊の手書きノートを読み返しても、まだ「この話題も本文に組み込みたかったな」とか「この部分についてはもっと詳しく書くべきだったかな」などと思ってしまう。特に、宗教は戦争の「原因」なのか、というよくある問いについては、さまざまな角度からの考察が可能で、わりと詳しいメモも作っていた。だが、それについても盛り込もうとすると、本書にさらに一つの章を追加せねばならなくなり、きりがなくなってしまう。その他にも触れるべき事柄はあったかもしれないが、関連しうる全てのものを網羅するのは困難で、それは私の能力を超えたものであることをどうかご理解いただきたい。

ここでの狙いは、「はじめに」でも述べたように、宗教や戦争という人間ならではの営みを通して、私たち人間の良くも悪くも「人間的」としか言いようのない部分を見つめることである。また同時にこの一冊が、今後「宗教」や「戦争・軍事」という問題を考えていこうとする方々にとって、ささやかなヒントやきっかけになればと思っている。ここで触れたそれぞれの話題については、私よりもはるかに詳しい方々もいらっしゃるに違いない。何かお気づきの点があったら、何卒ご教示いただければ幸いである。

本書は私の九冊目の単著となる。今回出版の機会を与えてくださった株式会社KADOKAWAの伊集院元郁さんに、あらためて御礼を申し上げたい。伊集院さんと初めてお会いしたのは、私があるシンポジウムに登壇した時のことであった。その後、あらためて大阪の梅田駅近くの喫茶店でお話をした際に、本書執筆のお誘いをいただいた。それはとても暑い夏の日の午後だった。西日が強くて、お互いに汗をふきながらアイスコーヒーを飲んだと記憶している。それから原稿の完成までには長い時間をかけてしまったが、伊集院さんのご丁寧なお心遣いとご助言のおかげで、刊行にこぎつけることができた。大変お世話になりました。どうもありがとうございました。

二〇二四年　夏　大阪にて

石川　明人

石川明人（いしかわ・あきと）

1974年生まれ。北海道大学卒業、同大学院博士後期課程単位取得退学。博士（文学）。現在、桃山学院大学教授。専攻は宗教学。著書に『ティリッヒの宗教芸術論』（北海道大学出版会）、『戦争は人間的な営みである』（並木書房）、『戦場の宗教、軍人の信仰』（八千代出版）、『キリスト教と戦争』（中公新書）、『私たち、戦争人間について』『すべてが武器になる』（創元社）、『キリスト教と日本人』（ちくま新書）、『宗教を「信じる」とはどういうことか』（ちくまプリマー新書）などがある。

角川選書 674

戦争宗教学序説《せんそうしゆうきようがくじよせつ》　信仰《しんこう》と平和《へいわ》のジレンマ

令和6年10月30日　初版発行

著　者／石川明人《いしかわあきと》

発行者／山下直久

発　行／株式会社KADOKAWA
〒102-8177　東京都千代田区富士見2-13-3
電話 0570-002-301（ナビダイヤル）

印刷所／株式会社KADOKAWA

製本所／株式会社KADOKAWA

帯デザイン／Zapp!

ISBN 978-4-04-703692-5　C0314

◆◇◇

この書物を愛する人たちに

詩人科学者寺田寅彦は、銀座通りに林立する高層建築をたとえて「銀座アルプス」と呼んだ。
戦後日本の経済力は、どの都市にも「銀座アルプス」を造成した。
アルプスのなかに書店を求めて、立ち寄ると、高山植物が美しく花ひらくように、
書物が飾られている。

印刷技術の発達もあって、書物は美しく化粧され、通りすがりの人々の眼をひきつけている。
しかし、流行を追っての刊行物は、どれも類型的で、個性がない。
歴史という時間の厚みのなかで、流動する時代のすがたや、不易な生命をみつめてきた先輩たちの発言がある。
また静かに明日を語ろうとする現代人の科白がある。これらも、
銀座アルプスのお花畑のなかでは、雑草のようにまぎれ、人知れず開花するしかないのだろうか。
マス・セールの呼び声で、多量に売り出される書物群のなかにあって、
選ばれた時代の英知の書は、ささやかな「座」を占めることは不可能なのだろうか。
マス・セールの時勢に逆行する少数な刊行物であっても、この書物は耳を傾ける人々には、
飽くことなく語りつづけてくれるだろう。私はそういう書物をつぎつぎと発刊したい。
真に書物を愛する読者や、書店の人々の手で、こうした書物はどのように成育し、開花することだろうか。
私のひそかな祈りである。「一粒の麦もし死なずば」という言葉のように、
こうした書物を、銀座アルプスのお花畑のなかで、一雑草であらしめたくない。

一九六八年九月一日

角川源義